BLACKWELL'S FREN

General Editor:
R. C. D. PERMAN
Fellow of St. Peter's College, Oxford

17·Ulll·87

BLACKWELL'S FRENCH TEXTS

General Editor: R. C. D. PERMAN

La Chanson de Roland

Edited by
F. WHITEHEAD

BASIL BLACKWELL · OXFORD

1980

First Published, 1942
Second Edition, 1946
Twelfth Impression, 1980

ISBN 0 631 00390 8

Printed and bound in Great Britain at
The Camelot Press Ltd, Southampton

INTRODUCTION

I. THE PLACE OF DIGBY 23 IN THE MS. TRADITION

The text of the *Chanson de Roland* reproduced in this edition is contained in MS. Digby 23 of the Bodleian Library. This MS. was executed in the twelfth century; according to Samaran, in the second quarter.[1] The scribe writes a normal twelfth-century Anglo-Norman hand, without any marked idiosyncrasies. The MS.[2] is by no means well written and contains many errors of purely scribal origin. In addition, the readings have been altered in many places by a twelfth-century revisor. This revisor has sometimes limited his activity to clearing out dittographies, to supplying words or letters unintentionally omitted and to restoring badly written passages, either by retouching illegible letters or by erasing the offending passage and writing it in again in a more legible hand. In addition to these corrections of his predecessor's deficiencies, he has unfortunately introduced into the text many readings which betray a lack of feeling for the spirit of French epic and a gross ignorance of the *Chanson de Roland*. It is clear from this that we are dealing with a man whose professional pursuits did not bring him into contact with vernacular literature and whose interest in the MS. was of a purely amateurish kind. There is no reason whatsoever to suppose that he had access to a version of the text different from that contained in MS. Digby 23.[3]

The Digby MS. is only one of several French versions of the Roland poem. The other versions are as follows:

(a) The version in Franco-Italian contained in the fourteenth-century MS. Gall. IV (now 225) of the Library of St. Mark at Venice.[4] The first 3845 lines of this version

---

[1] *La Chanson de Roland*, p. 30. The majority of scholars before Samaran took the view that the MS. was copied not earlier than 1170.

[2] For a full description and a detailed discussion of the scribe's practice, see Samaran, *op. cit.* pp. 7-18.

[3] For a detailed list of these alterations, see Samaran, *op. cit.* pp. 20-3.

[4] Edited by Eugen Kölbing: *La Chanson de Roland, genauer Abdruck der venetianer Handschrift IV*, Heilbronn 1877. The MS. is usually denoted by the siglum V[4].

are in assonanced laisses and are obviously based on an original very similar to Digby 23.

(b) The version contained in the late thirteenth-century MS. in the Municipal Library of Châteauroux (Indre) and in a MS. of approximately the same date in the Library of St. Mark at Venice (Gall. VII, now 251).[1] The two MSS. are closely related and are generally in agreement except upon minor details. They contain a much diluted version of the poem in *laisses monorimes*.

(c) A version contained in three MSS.: Bibl. Nat. fr. 860 (late thirteenth century)[2]; Bibl. de la Ville de Lyon 984 (fourteenth century)[3]; Trin. Coll. Camb. R, 3, 32 (fifteenth century).[4] They contain a version in *laisses monorimes*, in many respects similar to the CV[7] version, but later and more diluted.

(d) The so-called Lorraine fragments of 347 lines[5] and the fragments (180 lines) published by C. Lavergne in *Romania* XXXV 445. These texts are so fragmentary as to be almost valueless. They are similar in their general characteristics to the other rhymed versions.[6]

In addition to these French versions, there are several foreign versions based on French sources. The most important of these are the MHG. *Ruolandsliet* (K) and the VIIIth branch of the Old Norse *Karlamagnussaga* (n), both of which are based on assonanced originals.

The Digby MS., although by far the oldest of the extant versions, is not the source of the others but is, like them, descended from a lost original (X), composed at the end of the eleventh or the beginning of the twelfth century. Moreover, there seems to be at least one lost intermediary between the Digby MS. and the original as the former contains a number of scribal errors which can only represent

---

[1] These MSS. are usually denoted by the sigla C and V[7] respectively.
[2] P. [3] L. [4] T.
[5] The siglum used for the Lorraine fragments is F.
[6] All the rhymed versions (with the exception of the Lavergne fragments) have been published by Wendelin Foerster: *Das altfranzösische Rolandslied, Text von Châteauroux und Venedig VII—Text von Paris, Cambridge, Lyon und den sogenannten lothringischen Fragmenten*, Heilbronn (Altfr. Bibliothek VI and VII) 1883, 1886.

a second stage of corruption.[1] In spite of this fact, Digby 23 offers us by far the best version of the poem now extant. The late Joseph Bédier has shown beyond doubt that all the versions of the poem save that of the Digby MS. go back to the archetype through a lost poem *a*, which appears to have been a somewhat diluted version of the original poem, with the order and substance of many of the episodes modified.[2] The Digby MS. thus provides us with a form of the text which belongs to a tradition different from, and independent of, that represented by the *a* versions. Of the two traditions, that contained in the Digby MS. is certainly the older and better. Indeed, in practically every case in which the readings of the two traditions come into conflict the reading of Digby 23 appears, from internal evidence, to be preferable on both literary and critical grounds. Everything, in fact, points to the conclusion that, whereas *a* is a version in which the text of the original has been subjected to a far-reaching revision, the Digby MS. is very closely akin to the original and differs from it only in details of secondary importance.

II. PRINCIPLES OF EMENDATION

The Digby scribe seems, in fact, to have been a 'transcriber,' concerned merely with producing a faithful copy of the MS. he was using as his source. There are no grounds for believing that he, or indeed any of the scribes in direct line of ascent from him, attempted to combine the functions of author and copyist. Hence, we may safely conclude that any differences that may exist between the Digby version

---

[1] The clearest case is that furnished by ll. 617-8 (*Atant i vint uns paiens Valdabruns / Icil en vait al rei Marsiliun*). The second of these lines makes little sense in this context and editors, on the analogy of l. 1520, emend to *Icil levat le rei Marsiliun*. This emended reading, which may be safely ascribed to the original, can only have assumed the form in which it appears in the Digby MS. by passing through two stages of corruption:

(a) *Ici l evat le rei* (with the *ll* reduced to *l*).

(b) *Icil en vait al rei* (with *evat* interpreted as *ē vat* = *en vait* and the consequential change of *le* to *al*).

[2] *La Chanson de Roland, commentée par* J. Bédier, pp. 93-125.

and the original will be due, in the main, to unconscious errors of transcription on the part of the Digby scribe or one his predecessors. Only this type of error can, or should, be corrected. 'Rational' emendation, which attempts to correct the text wherever it appears to be deliberately altered by the scribe, is always dangerous: it is especially so in the case of the Digby MS. of the *Roland* because of the particularly close relations existing between this MS. and its archetype. Errors of transcription, on the other hand, are to be corrected in every case where this is possible, since they are features that have found their way into the text accidentally, against the intention of both the author and the scribe. Errors of this type are unfortunately numerous in the Digby MS. The text that the MS. contains is excellent, the form in which it has come down to us leaves much to be desired. In addition to scribal errors of the usual type, there are many passages in the MS. which have been rendered unintelligible owing to the interference of the revisor. In order to restore such passages, as well as to correct ordinary scribal errors, most editors of the Roland have had recourse to the collateral versions, the readings of which they have often incorporated without change in the Oxford text. There is little to be said in favour of this practice, especially where it is adopted by more recent editors.[1] It ignores the fact that the collateral versions contain a revised text and that consequently the readings they offer will often fail to correspond either with the reading of Digby before corruption or with the reading of the original Roland poem. Further, it frequently results in the rejection, not only of corruptions in Digby, but of neighbouring passages

[1] The Stengel-Foerster system of classification grouped the French MSS. of the *Rol.* into two families—OV^4 and CV^7PLT. Under this system therefore, the agreement of V^4 and one of the other versions against O automatically restores the reading of the archetype. Hence it is not surprising to find such editors as Gautier and Stengel replacing whole lines in O by readings taken from the other versions. The practice is of course justifiable as long as one adheres to the Stengel-Foerster system. With the abandonment of this system of classification, it is divorced from its theoretical basis. Nevertheless, some modern editors, while abandoning the Stengel-Foerster classification, still persist in drawing freely on the collateral versions

whose authenticity is not seriously open to question.[1]
If one desires, not merely to provide substitutes for the
corrupt readings in Digby, but to restore the text as it was
before the corruptions crept in, a different procedure must
be followed. In order to arrive at emendations that are more
than mere conjectures, the causes that have led to the
corruption in Digby have to be determined. In a certain
number of cases, a possible cause of the corruption can be
found without much difficulty. Thus, in l. 602, where Digby
has *uenir ses tresors*, which is unsatisfactory on syntactical
grounds, a plausible reading can be obtained by supposing
that *uenir* is a misreading of an original *uurir* (= *uvrir*).
In some other cases, it is difficult to assign a cause to the
corruption, while very frequently the same error is sus-
ceptible of several explanations, one of which may or may
not be more plausible than the others.

The value of the collateral versions now becomes appar-
ent. The readings they contain can be used to confirm an

[1] Thus, l. 1017 in O (*Oliver est desur un pui haut montez*, with *haut
montez* added by the revisor in place of an erasure) is emended by
Jenkins to *Olivier montet desor un pui halçur*. This correction is
based on V[7] (*Olivier monte en son un pui alçor*) and on V[4] (*Olivier
monta desor o pei altor*). Such a proceeding seems unscientific. We
must of course try to restore the erased ending of the line. Metrical
considerations suggest that the lost word had two syllables, the
vowel of the second being an accented closed *o. halçur* is probably the
only word that complies with these conditions and at the same time
fits the context. If V[4] and V[7] confirm this reading, so much the better.
But the substitution of *montet* for *est* is quite another matter. This is
a problem which has no connexion with the *halçur* problem and
which must be solved along quite different lines. Is Digby's colourless
est a corruption? Or is it the original reading, which the author of the
a version replaced by a stronger word? It will be seen that the whole-
sale replacement of the line in Digby by the corresponding line in
one of the other versions obscures the complexity of the problem.
It is quite inadequate to assume that because the Digby line is 'bad'
and the line in the other versions 'good,' the latter can be substituted
for the former without more ado. An even more striking case is
furnished by l. 2879, where O reads *Entre ses mains ansdous le
priest suus*, with the last three words added by the revisor to fill a
blank. Most editors follow V[4] (*Si prende li cont entro ses braçe ambedo*)
and read *Si prent le conte entre ses bras ansdous*. This procedure does
more than emend the text: it inverts the order of the hemistiches,
or, in other words, alters a feature whose genuineness has not been
called into question.

emendation arrived at by purely palæographical reasoning. For example, in l. 722, where the word *trussee* is open to suspicion,[1] the sense of the line is greatly improved if *trussee* is regarded as a misreading for *crullee*. This conjecture is confirmed by the readings of CV⁴, both of which have this verb. Further, when there are several possible explanations of an error, the evidence of the other versions will sometimes allow us to decide between them. Lastly, the evidence of the other versions can be used to supplement the results of palæographical reasoning when these by themselves are insufficient to explain how a corruption arose or do not suggest an emendation. Thus, in l. 2563, O reads *De sun paleis vers les altres acurt*, a line which is completely unintelligible. On palæographical grounds, we are justified in assuming that *vers* ($<u^7s$) is probably a misreading for *uns = ūs*) and that the words *les altres* have no business in the text.[2] But what is the word whose place they have usurped? If the correct reading is *ūs*, it will of course be followed by a singular masculine noun. From the context, we gather that this noun must be the name of some sort of animal whose nature it is to attack bears. This is as far as we can go without the help of the other versions. These supply *veltres* ('hound'), a word that not only fits the context, but also ends in *-ltres*, a factor that may have contributed in producing the corrupt reading *vers les altres*.

The collateral versions must thus be used, not as a storehouse of readings which can be pressed into service when those of Digby are corrupt, but as material which helps us to understand the processes by which the Digby text has become corrupted. When the evidence of these versions cannot be checked, it must be used with the greatest caution. If the corruption in the Digby MS. is of no great

[1] The MS. reads *estrussee*, but the initial *es* was added by the revisor over the line. The ordinary meaning of *trussee* ('loaded') will not do here, since the line in question (*Par tel aïr l'at (es)trussee e brandie*) refers to the seizing and breaking of Charlemagne's spear by Ganelon.

[2] It should be noted that the next line reads: *Entre les altres assaillit le greignur*. Once the scribe has misread *uns* as *vers* the presence of *entre les altres* in the following line can quite easily cause him to write *les altres*.

extent and the other versions have a line which, apart from the corruption, is substantially the same as that of Digby, their reading can be incorporated into the text without much danger. Thus, in 1. 2972, where O reads *En treis carettes les guiez tres ben*, with the last two words added by the revisor in place of an erasure, V⁴ has *En treis charetes les guié al camin*, which justifies the emendation *al chemin*.[1] If this precaution is not observed, the result will probably be the production of a hybrid text.

III. THE TREATMENT OF THE TEXT BY THE EDITOR

As is explained above, there are no grounds for altering the readings of the Digby MS. unless these readings are clearly the result of scribal error. In other words, an editor must aim at producing the text which the Digby scribe would have produced if he had been able to prevent all purely accidental errors from creeping into his text. In the present edition, therefore, only the emendation of accidental errors has been attempted.

In a few cases where the metre is irregular in the Digby MS. or where the assonance is faulty, it seems reasonably clear that the irregularity is due to errors of transcription.[2] On the other hand, it is clear in a number of cases that the irregularity under consideration is deliberate and quite possibly the work of the original poet. Bédier has proved[3] that many Old French epic poets introduce impure assonances into their laisses and that consequently an imperfect assonance is not *prima facie* evidence of scribal corruption.

---

[1] There is no *guarantee*, however, that the unsupported readings of the collateral versions are those of the archetype, even in cases like the one discussed above. Thus, 1. 2874 in O and the corresponding line in V⁴ are almost identical (O: *Desus dous arbres parvenuz est li reis*; V⁴: *Desot d'un arbor e pervegnu amo*). The last two words in O (*li reis*) have been added by the revisor in place of an erasure. All editors have felt justified in emending *li reis* to *amunt*, on the strength of V⁴'s *amo*. Samaran has recently read the erased word with the ultra-violet lamp and it proves to be *Carllun*. What has happened is clear. Both V⁴ and the revisor of Digby disliked the 'ungrammatical' form *Carllun* and replaced it, V⁴ respecting the assonance and the revisor the sense of the original.

[2] As for example in ll. 1158 and 2855.   [3] *Comm.* 270-97.

Except in one or two cases,[1] where there are special reasons
for the contrary course, the present edition retains such
assonances in the text. Again, irregularities of scansion
may sometimes be removed by the suppression of a super-
fluous word such as *en*, *i* or *le*, but by far the greater num-
ber of such irregular cases are not susceptible to this
treatment. Bédier, who has shown the impossibility of
emending most lines of this sort,[2] is in favour of regarding
some types of irregular scansion as legitimate deviations
from the conventional pattern and others as due to attempts
on the part of the scribe or one of his predecessors to modify
the metre of the original in conformity with Anglo-Norman
principles of versification.[3]

There is no theoretical reason why epic poets should not
have written lines containing an irregular number of
syllables. In any case, as Bédier points out, we are not fully
acquainted with the laws governing the prosody of the
French epics and what we condemn as corruptions may in
many cases be quite legitimate licences of scansion.[4] There

[1] Indicated in the critical notes.

[2] *Comm.* 362-9.

[3] The suggestion that the metrical irregularities of the text may be
due to a conscious attempt to accommodate the work to the tastes of
Anglo-Norman audiences of the middle and end of the twelfth
century is unacceptable. It involves the assumption that the text
preserved in the Digby MS. represents not so much a transcription as
a far-reaching revision of the original at the hands of an Anglo-
Norman redactor. This assumption is supported by no other evidence
than that of a certain number of cases of irregular scansion and is in
fact in complete contradiction with Bédier's main thesis. Moreover,
if, as is probable, the Digby MS. was copied in the first half of·the
twelfth century, the hypothesis of an 'anglo-normannische Fassung'
of the *Roland* is not merely unsupported but quite impossible, since
at that date insular versification, to judge from the works of Philippe
de Thaün and the *Voyage de St. Brendan*, had not materially departed
from the continental pattern.

[4] While irregularities in the number of syllables cannot be taken
as evidence of scribal corruption, the same cannot be said of absence
or marked weakness of the caesura. The fact that the line falls into
two clearly marked hemistiches is perhaps the most striking feature
of epic versification and one that even the most cursory observer can-
not fail to note. Lines without a well-marked caesura (which need
not necessarily occur after the fourth syllable) are extremely rare in
the *Roland* and where they are found, as in l. 1158, there is other
evidence of corruption.

are, as a matter of fact, numerous irregular lines in the Digby text which have an exact counterpart in one or other of the collateral versions, and which therefore must be due to the author of the original.[1] There is thus no reason why an editor should interfere with a line that is metrically irregular unless it shows other evidence of corruption. There is equally no reason why one should refuse to admit into the text an emendation necessary on palæographical grounds simply because its presence there would render the line hypo- or hypermetric.

The language of the Roland is the Western French of the early twelfth century, with a slight Anglo-Norman colouring most probably due to the scribe. Even if we were sure of the poet's own usage, nothing would be gained by normalizing the text. There are, however, a certain number of cases in which it is doubtful whether we are dealing with a genuine Anglo-Norman form or with an unintentional spelling mistake on the part of the scribe. One may justly feel some hesitation with regard to the following phonological features which, although accepted as genuine by Bédier,[2] seem surprising in early twelfth-century Anglo-Norman:

(a) The fall of unaccented *e* in final position (*guer* 210) and its addition where it is unetymological (*tireres* 2283).

(b) The denasalization of *e* and sometimes of other vowels (*trechant* 1301, *flabur* 1809, *su* = *sum* 1157) and, conversely, the addition of a nasal consonant in forms such as *ment* = *met* 1271.

(c) The reduction of *ai* to *a* (*grasles* 2110, *bassent* 3273, *muvra* 290).

[1] Thus, l. 2712 (*E Tervagan e Apollin nostre sire*), which has a hypermetric second hemistich (emended, rather grotesquely, to *li sire* by Stengel), recurs in V[4] as *Trivigant et Apollin nostre sire*. Similarly, l. 2964 (*Devant sei les ad fait tuz uvrir*) is hypometric in the first hemistich. Here again, O's reading is confirmed by V[4] (*davanti si li a fait aurir*). An interesting example of a line divided 6+3, where the deficiency of a syllable in the last hemistich is compensated by the feminine ending is provided by l. 2018 (*Sun compaignun Rollant sur tuz humes*). That it is genuine is shown not only by the presence of an identical line in V[4] (*E so cumpaignun Rollant sor totes homes*), but by the fact that later redactors have tried to normalize it (PL read *Desor toz homes son compaignun Rollant*).

[2] *Comm.* 250-62.

(*d*) The fall of unsupported final *p* (only one example, *tro* 317).

(*e*) The fall of final *l* in proclitics (*de col = del col* 1619).

(*f*) The fall of *r* in preconsonantal, postconsonantal and final position (*guadez* 316, *li alte* 2687, *pa = par* 47).

(*g*) The fall of *s* in proclitics, both before a word beginning with a consonant and one beginning with a vowel (*le chefs* 44, *le altres* 1237).

The first three developments are almost certainly late[1] and the forms in the Digby text are thus probably scribal errors. Little hesitation need also be felt about the isolated case of *tro* for *trop*. With regard to (*e*), Miss Pope[2] finds that the fall of *l* in this position only becomes general in the thirteenth century, although examples of the fall of *l* after the *i* of *cil* (no examples in the *Rol.*) are earlier. The forms in Digby may thus be considered as resulting from scribal corruption. The fall of *r* before a consonant is attested in both insular and continental French as early as the first half of the twelfth century, but it would be rash to assume that the cases where it falls in other positions in the Digby MS. are examples of genuine linguistic phenomena. It is difficult to know how to deal with case (*g*), since there is a certain amount of evidence[3] that *s* in final position before a word beginning with a consonant fell in some cases as early as the first half of the twelfth century. It is not impossible, however, that the examples in the *Rol.* are due for the most part to scribal error.[4] The form *mi sire* is nevertheless probably genuine; there are four cases of it (636, 1254, 1728, 1928), but none of *mis sire* and it is a development that is explicable on morphological as well as phonological grounds.[5]

The morphology of the text has been scrupulously res-

[1] See M. K. Pope *From Latin to Modern French*, §§ 1317, 1135, 1151-2, 1157.

[2] *Op. cit.* § 1204.

[3] Miss Pope, *op. cit.* § 1203.

[4] The following seem almost certainly scribal: *le freins* (2485), *mai saives* (294), *les chef en prist* (209). In l. 566 (*a Carle e a Franceis*), the second *a* is probably *a* (<*ad*) and not an error for *as*.

[5] *Si cumpainz* (324) goes with *mi sire*.

pected. Irregularities of declension have everywhere been left unamended. One or two cases of false agreement have been corrected, as it is probable that they result from inattention on the part of the scribe.[1]

The orthography of the MS. has been kept in all cases where it is phonetic in intention, no matter how eccentric it may be.[2] On the other hand, a certain amount of freedom has been exercised in the expansion of abbreviations: the spelling pre[3] has been rendered by *pere* and not by *perre* since it may be doubted whether the scribe would have spelt the word in this way if he had written it in full.[4] The spellings epes[5] and empe[6] are each found once: they may be either misspellings or intentional abbreviations: in any case, there is no doubt as to how they should be transcribed. The Latinized abbreviation sc̄e[7] is rendered by *seinte*, that being the spelling usually adopted by the scribe when he writes the word in full.[8] An abnormal feature of the scribe's orthography consists in his use of 7 ($= r, re, er$) in conjunction with the group consonant $+ r$, as in *recev⁷rat, av⁷rat, vesp⁷re*. Such spellings would normally be transliterated by *ver, per*, but there is reason to doubt whether this is what the scribe intended. The original poet certainly pronounced these groups as *vr, pr* etc., as is shown by the fact that futures of the type *avrai* count in the scansion of the line as two and not three syllables. Purely graphical epenthesis of *e* between *v* and *r* is found in Anglo-Norman, the object of it being to distinguish the group *vr* from the group *ur*.[9] It is not impossible, therefore, that the sign 7 is used in the

---

[1] For example, *le herbe* (1612), *li albe* (2845), *li gemme* 3616.

[2] As for example, *bataillie* 2607, where *illi* probably represents *l* mouillé, *esparignas* 3103, where *ign* represents *n* mouillé.

[3] 2337, 3178.

[4] The word never seems to be written in full, but *frere(s)* is found eighteen times, always in full and always with a single intervocalic *r*.

[5] 16.

[6] 214.

[7] 1473, 2303, 2620, 2938.

[8] *sainte* is never found in the Digby MS. Except for *sentes* (2197) and the four cases mentioned above, the spelling with *ei* is everywhere used.

[9] See J. Matzke's edition of *Simon de Freine* (Soc. des Anc. Textes Fr.), p. xlix.

Digby MS. primarily as a diacritic. When ⁷ is used in combination with a letter other than *u* (as, for example, in *vesp⁷re*), we are probably dealing with a careless extension of this practice.[1] The name of the hero, usually abbreviated by suspension *(Roll')*[2], has been uniformly transcribed as *Rollant*.[3] *Carl'* and *Karl'* are common abbreviations.[4] In conformity with the scribe's practice when he writes the word in full, this abbreviation should be expanded to *Carles* in the nominative, while, in the accusative, both *Carle* and *Carlun* are possible.[5] It may be doubted whether the *ll* in *Carll'* (562, 578, 2874: the latter read under the ultra-violet rays) would have appeared in the word if the scribe had not been abbreviating: in all cases, the name is spelt with a single *l* in the text.

The Digby scribe frequently omits a final feminine *e* before a word beginning with a vowel. This practice is so consistent that it must be considered as a method of indicating elision rather than a spelling mistake. The scribe's usage has therefore been followed in the present edition, except where final *e* is omitted before the caesura, in which case it is doubtful whether elision takes place.

[1] In ll. 658 and 2809, the future of *livrer* appears as *liverrai* and *liverai* respectively. Both forms are written without abbreviation and both appear to be trisyllabic. In l. 592, we find the spelling *liv⁷rez*. This is not to be transliterated *liverez*, since here the metre requires that the word should be disyllabic. On the question of the use of ⁷, see Samaran, *op. cit.* p. 14.

[2] In one case, it is abbreviated by siglum: *R* (2118). In fourteen other cases, it is written in full (175, 392, 557, 902, 914, 923, 935, 947, 1053, 1106, 1413, 1773, 1883, 2152).

[3] As Bédier points out (edition, p. 306), the name is always spelt *Rollant* when it is written in full. This by itself might not be absolutely conclusive, but there is, in addition, a marked tendency in the poem to make parisyllabic proper names invariable. Thus, *Oliver* is found sixty-eight times without *s* and not once with it. *Oger* appears seven times without *s* and only once with *s*; *Turpin* ten times without *s* and four times with *s*.

[4] *Carl'* occurs forty-two times. In all except three cases (2681, 3669, 3536), the form required is the nominative.

[5] In ll. 2681 and 3536, the form *Carlun* is adopted, while, in l. 3669, *Carle* seems preferable to avoid the jingle *Carlun cuntredie*. In l. 2874, where the original reading (subsequently erased, but read by Samaran under the ultra-violet rays) was *Carll'*, I have printed *Carlun*.

The scribe does not, however, invariably indicate cases of elision. Thus, he writes *de ocire* 149, *se altre* 1867, *que en Espaigne* 197. The tendency not to indicate elision is especially strong in the case of *que*, while in the case of other words elisions are generally noted in spelling. On the whole, it has seemed best to follow the scribe's practice and only print elided forms when these are actually given in the MS.

The punctuation in the MS. is limited to the use of the period at the end of each line. The only course open to an editor is to repunctuate in accordance with modern practice. Accents are frequently employed in the text. Their purpose is rather obscure, but it seems that they are used rather to denote the ictus than to serve as diacritics. They have not been noted in the text.[1] A cedilla is frequently used under the *e* of the word *cel*[2] or *ciel*.[3] It is obviously due to the imitation of the practice in Latin MSS., which write *æ* as *ę* and consequently *cælum* as *cęlum*. No notice has been taken of this peculiarity.

In accordance with modern practice the diaeresis and the acute accent have been employed in the present edition. The former is used to distinguish words identical in spelling but different in pronunciation and, also, in cases where doubt might arise, to distinguish two vowels in hiatus from the corresponding diphthong. The accent is used to distinguish the full vowel *e* from the corresponding feminine (neutral) sound: it is only used in words of more than one syllable.

The only other signs appearing in the text are the round and square brackets. These are used in the conventional manner; the former to indicate words or letters which, although appearing in the MS., should, in the editor's opinion, be omitted in reading the text, and the latter to enclose insertions made by the editor.

Subject to the above qualifications, every departure from the MS. has been noted in the variants.

[1] For an excellent account of the system of accentuation in the MS. and for a list of cases see Samaran, *op. cit.* pp. 16 17.

[2] In ll. 646 and 723.

[3] In ll. 545, 1156, and 1596.

IV. BIBLIOGRAPHICAL NOTES

The Manuscript

E. Stengel, *Photographische Widergabe der Handschrift Digby* 23, Heilbronn 1878.

(The first photographic reproduction of the MS.)

E. Stengel, *Das altfranzösische Rolandslied, genauer Abdruck der Handschrift Digby* 23, Heilbronn 1878.

(A diplomatic transcription of the MS.)

Ch. Samaran and le Comte A. de Laborde, *La Chanson de Roland: reproduction phototypique du manuscrit Digby 23 de la Bodleian Library d'Oxford*, Paris (Soc. des Anc. Textes Fr.) 1933.

(A reproduction of the MS. by the collotype process. Contains in addition a study of the MS. by Ch. Samaran, embodying the results of an exhaustive examination with the ultra-violet lamp.)

Ch. Samaran, 'Lectures sous les Rayons Ultra-Violets: *Chanson de Roland* (Manuscrit d'Oxford)' *Romania* LV 401-10.

(A report by Samaran of the results of his examination of the MS. with the ultra-violet lamp. Some of the information in this article has been incorporated in the introduction to the collotype reproduction of the MS. In addition, the article contains material that will not be found elsewhere.)

E. G. R. Waters, 'Gleanings from Manuscript Digby 23' *Modern Language Review* XXV 95-9.

(An examination of disputed passages in the text with the aid of the ultra-violet lamp, undertaken quite independently of Samaran's investigations.)

Editions

The *Roland* has been edited many times. The *editio princeps*, by Francisque Michel, appeared in 1837. In the hundred years since that time, eighteen other editions have been produced. These are listed in Bédier's article 'De l'Edition Princeps de la Chanson de Roland aux éditions les plus récentes' *Romania* LXIV 145-52. A list of the editions that have appeared since the Great War is given below:—

J. Bédier, *La Chanson de Roland publiée d'après le manuscrit d'Oxford et traduite par J. Bédier*, Paris (Piazza) 1922.

(The best known and most outstanding edition of the text. It has been many times reprinted.)

E. Lerch, *Das Rolandslied: Abdruck der Oxforder Handschrift in lesbarer Gestalt*, Munich 1923.

(A reprint of Digby 23 without correction and without change except for the expansion of abbreviations, etc. The critical apparatus lists the variants introduced into the text by previous editors.)

T. Atkinson Jenkins, *La Chanson de Roland*, Chicago 1923. Second Edition 1929.

(An edition based on Digby 23, but far less conservative in its treatment of the text than Bédier's. Numerous emendations, mostly based on V^4, are introduced and, in addition, the language and the spelling are normalized and regularized for pedagogic purposes.)

A. Hilka, *Das altfranzösische Rolandslied nach der Oxforder Handschrift herausgegeben*, Halle (Sammlung romanischer Uebungstexte 3-4) 1926.

(An edition of Digby 23 along very conservative lines, although with slightly more emendation than Bédier's.)

G. Bertoni, *La Chanson de Roland. Introduzione, testo, versione, glossario*, Florence (Olschki). Editio minor 1935. Editio maior 1936.

(Bertoni's treatment of the text is very similar to that of Jenkins, although he respects the spelling and the language of the MS. The two Venice MSS., V^4 and V^7, are freely drawn upon.)

Critical Works

The problems of a literary or critical character connected with the Roland have given rise to a very extensive literature. All that can be done here is to direct the student's attention to a few recent publications which he will find useful. Fuller bibliographical references will be found in J. Geddes Jnr., *La Chanson de Roland, A Modern French Translation*, New York 1906 (especially valuable for the earlier literature on the subject); in the bibliography of Jenkins' edition and, for more recent publications, in the Old French Literature section of the annual volumes of the *Year's Work in Modern Languages*, 1931 ff.

J. Bédier, *Les Légendes épiques. Recherches sur la Formation des Chansons de Geste*. Tome III, Paris 1912.

(Sets out at length Bédier's views on the origin of the poem.)

J. Bédier, *La Chanson de Roland commentée* par J. Bédier, Paris (Piazza) 1927.

(An indispensable guide to the text of the poem and to the literary problems arising out of it.)

P. Boissonnade, *Du Nouveau sur la Chanson de Roland*, Paris 1923.

(Contains a useful study of the Spanish Crusades of the eleventh century and examines the possible connexion between these and the Roland. The author also attempts (quite unsuccessfully in the opinion of many scholars) to find historical prototypes for the leading characters in the poem.)

E. Faral, *La Chanson de Roland, étude et analyse*, Paris 1934.

. (A lucid and succinct exposition of the views held by the Bédier school with regard to the genesis and literary significance of the poem. Contains a good account of the attitude of the Church towards the question of private war and draws conclusions from this regarding the possible ecclesiastical origin of the poem.)

R. Fawtier, *La Chanson de Roland*, étude historique. Paris 1933.

(A controversial work, concerned mainly with the origin of the poem and attacking Bédier's theories on this subject.)

LA CHANSON DE ROLAND

I

Carles li reis, nostre empereïe magnes,   *1a*
Set anz tuz pleins ad estét en Espaigne,
Tresqu'en la mer cunquist la tere altaigne.
N'i ad castel ki devant lui remaigne.
5   Mur ne citét n'i est remés a fraindre,
Fors Sarraguce, ki est en une muntaigne;
Li reis Marsilie la tient ki Deu nen aimet,
Mahumet sert e Apollin recleimet;
Ne·s poet guarder que mals ne l'i ateignet. Aoi.

II

10   Li reis Marsilie esteit en Sarraguce,
Alez en est en un verger suz l'umbre,
Sur un perrun de marbre bloi se culched,
Envirun lui plus de vint milie humes.
Il en apelet e ses dux e ses cuntes:
15   'Oëz, seignurs, quel pecchét nus encumbret:
Li empereres Carles de France dulce
En cest païs nos est venuz cunfundre.
Jo nen ai ost qui bataille li dunne,
Ne n'ai tel gent ki la sue deru[m]pet:
20   Cunseilez mei cume mi savie hume,
Si me guarisez e de mort e de hunte.'
N'i ad paien ki un sul mot respundet,
Fors Blancandrins de Castel de[l] Valfunde.

III

Blancandrins fut des plus saives paiens,
25   De vasselage fut asez chevaler,
Prozdom i out pur sun seignur aider;
E dist al rei: 'Ore ne vus esmaiez;
Mandez Carlun, a l'orguillus, e al fier,
[Fe]deilz servises e mult granz amistez: *1b*
30   [V]os li durrez urs e leons e chens,
Set cenz camelz e mil hosturs müers,

D'or e d'argent ·iiii· c· muls cargez,
Cinquante carre qu'en ferat carïer:
Ben en purrat lüer ses soldeiers.
35   En ceste tere ad asez osteiét:
En France ad Ais s'en deit ben repairer;
Vos le sivrez a la feste seint Michel,
Si recevrez la lei de chrestïens,
Serez ses hom par honur e par ben.
40   S'en volt ostages, e vos l'en enveiez,
U dis u vint, pur lui afiancer;
Enveiu[n]s i les filz de noz muillers:
Par nun d'ocire i enveierai le men.
Asez est melz qu'il i perdent le[s] chefs
45   Que nus perduns l'onur ne la deintét,
Ne nus seiuns cunduiz a mendeier.' Aoı.

IV

Dist Blancandrins: 'Pa[r] ceste meie destre
E par la barbe ki al piz me ventelet,
L'ost des Franceis verrez sempres desfere;
50   Francs s'en irunt en France, la lur tere.
Quant cascuns ert a sun meillor repaire,
Carles serat ad Ais, a sa capele,
A seint Michel tendrat mult halte feste;
Vendrat li jurz, si passerat li termes,
55   N'orrat de nos paroles ne nuveles.
Li reis est fiers e sis curages pesmes,
De noz ostages ferat tre[n]cher les testes:
Asez est mielz qu'il i perdent les testes   *2a*
Que nus perduns clere Espaigne la bele,
60   Ne nus aiuns les mals ne les suffraites.'
Dient paien: 'Issi poet il ben estre!'

V

Li reis Marsilie out sun cunseill finét,
Si·n apelat Clarin de Balaguét,
Estamarin e Eudropin sun per
65   E Priamun e Guarlan le barbét
E Machiner e sun uncle Maheu
E Joüner e Malbien d'ultre mer

E Blancandrins por la raisun cunter;
Des plus feluns dis en ad apelez:
70 'Seignurs baruns, a Carlemagnes irez,
Il est al siege a Cordres la citét.
Branches d'olives en voz mains porterez,
Ço senefiet pais e humilitét.
Par voz saveirs se·m püez acorder,
75 Jo vos durrai or e argent asez,
Teres e fiez tant cum vos en vuldrez.'
Dient paien: 'De ço avun nus asez.' Aoı.

VI

Li reis Marsilie out finét sun cunseill,
Dist a ses humes: 'Seignurs, vos en ireiz,
80 Branches d'olive en voz mains portereiz,
Si me direz a Carlemagne le rei,
Pur le soen Deu, qu'il ait mercit de mei.
Ja einz ne verrat passer cest premer meis
Que je·l sivrai od mil de mes fedeilz,
85 Si recevrai la chrestïene lei.
Serai ses hom par amur e par feid.   *2b*
S'il voelt ostages, il en avrat par veir.'
Dist Blancandrins: 'Mult bon plait en avreiz.' Aoı.

VII

Dis blanches mules fist amener Marsilies
90 Que li tramist li reis de Suatilie;
Li frein sunt d'or, les seles d'argent mises:
Cil sunt muntez ki le message firent,
Enz en lur mains portent branches d'olive,
Vindrent a Charles ki France ad en baillie;
95 Ne·s poet guarder que alques ne l'engignent. Aoı.

VIII

Li empereres se fait e balz e liez,
Cordres ad prise e les murs peceiez,
Od ses cadables les turs en abatiéd.
Mult grant eschech en unt si chevaler
100 D'or e d'argent e de guarnemenz chers.

En la citét nen ad remés paien
Ne seit ocis u devient chrestïen.
Li empereres est en un grant verger,
Ensembl'od lui Rollant e Oliver,
105 Sansun li dux e Anseïs li fiers,
Gefreid d'Anjou, le rei gunfanuner,
E si i furent e Gerin e Gerers:
La u cist furent des altres i out bien.
De dulce France i ad quinze milliers.
110 Sur palies blancs siedent cil cevaler,
As tables juent pur els esbaneier,
E as eschecs li plus saive e li veill,
E escremissent cil bacheler leger.
Desuz un pin, delez un eglenter   3a
115 Un faldestoed i unt fait tut d'or mer,
La siet li reis ki dulce France tient.
Blanche ad la barbe e tut flurit le chef,
Gent ad le cors e le cuntenant fier;
S'est k·il demandet, ne l'estoet enseigner.
120 E li message descendirent a pied,
Si·l saluerent par amur e par bien.

IX

Blancandrins ad premereins parléd
E dist al rei: 'Salvét seiez de Deu,
Le glorïus que devuns aürer.
125 Iço vus mandet reis Marsilies li bers:
Enquis ad mult la lei de salvetét,
De sun aveir vos voelt asez duner,
Urs e leüns e veltres enchaignez,
Set cenz cameilz e mil hosturs müez,
130 D'or e d'argent ·iiii· cenz muls trussez,
Cinquante care que carier en ferez:
Tant i avrat de besanz esmerez
Dunt bien purrez voz soldeiers lüer.
En cest païs avez estét asez,
135 En France ad Ais devez bien repairer;
La vos sivrat, ço dit, mis avoëz.'
Li empereres tent ses mains vers Deu,
Baisset sun chef, si cumencet a penser. Aoı.

X

Li empereres en tint sun chef enclin,
140   De sa parole ne fut mie hastifs;
Sa custume est qu'il parolet a leisir.
Quant se redrecet mult par out fier lu vis.   *3b*
Dist as messages: 'Vus avez mult ben dit;
Li reis Marsilies est mult mis enemis:
145   De cez paroles que vos avez ci dit,
En quel mesure en purrai estre fiz?'
'Voelt par hostages,' ço dist li Sarrazins,
'Dunt vos avrez u dis u quinze u vint.
Pa[r] nun de ocire i metrai un mien filz,
150   E si n'avrez, ço quid, de plus gentilz.
Quant vus serez el palais seignurill,
A la grant feste seint Michel del Peril,
Mis avoëz la vos sivrat, ço dit.
Enz en voz bainz que Deus pur vos i fist,
155   La vuldrat il chrestïens devenir.'
Charles respunt: 'Uncore purrat guarir.' AOI.

XI

Bels fut li vespres e li soleilz fut cler.
Les dis mulez fait Char[l]es establer;
El grant verger fait li reis tendre un tref,
160   Les dis messages ad fait enz hosteler;
·xii· serjanz les unt ben cunreez.
La noit demurent tresque vint al jur cler.
Li empereres est par matin levét,
Messe e matines ad li reis escultét,
165   Desuz un pin en est li reis alez,
Ses baruns mandet pur sun cunseill finer:
Par cels de France voelt il del tut errer. AOI.

XII

Li empereres s'en vait desuz un pin;
Ses baruns mandet pur sun cunseill fenir:
170   Le duc Oger e l'arcevesque Turpin,   *4a*
Richard li velz e sun nevuld Henri,
E de Gascuigne li proz quens Acelin,
Tedbald de Reins e Milun sun cusin,

E si i furent e Gerers e Gerin;
175   Ensembl'od els li quens Rollant i vint
E Oliver li proz e li gentilz.
Des Francs de France en i ad plus de mil.
Guenes i vint ki la traïsun fist.
Des ore cumencet le cunseill que mal prist. AOI.

XIII

180   'Seignurs barons,' dist li emperere Carles,
'Li reis Marsilie m'ad tramis ses messages;
De sun aveir me voelt duner grant masse,
Urs e leüns e veltres caeignables,
Set cenz cameilz e mil hosturs muables,
185   Quatre cenz muls cargez de l'or d'Arabe;
Avoec iço plus de cinquante care.
Mais il me mandet que en France m'en alge;
Il me sivrat ad Ais a mun estage,
Si recevrat la nostre lei plus salve.
190   Chrestïens ert, de mei tendrat ses marches;
Mais jo ne sai quels en est sis curages.'
Dient Franceis: 'Il nus i cuvent guarde.' AOI.

XIV

Li empereres out sa raisun fenie.
Li quens Rollant ki ne l'otriet mie,
195   En piez se drecet, si li vint cuntredire.
Il dist al rei: 'Ja mar crerez Marsilie.
Set anz [ad] pleins que en Espaigne venimes,
Jo vos cunquis e Noples e Commibles,
Pris ai Valterne e la tere de Pine   *4b*
200   E Balasgued e Tüele e Sezilie.
Li reis Marsilie i fist mult que traïtre:
De ses pai[ens] enveiat quinze,
Chascuns portout une branche d'olive,
Nuncerent vos cez paroles meïsme;
205   A voz Franceis un cunseill en presistes,
Loërent vos alques de legerie.
Dous de voz cuntes al paien tramesistes:
L'un fut Basan e li altres Basilies,

Les chef[s] en prist es puis desuz Haltilie.
210 Faites la guer[re] cum vos l'avez enprise:
En Sarraguce menez vostre ost banie,
Metez le sege a tute vostre vie,
Si vengez cels que li fels fist ocire.' Aoi.

XV

Li emp[er]ere en tint sun chef enbrunc,
215 Si duist sa barbe, afaitad sun gernun,
Ne ben ne mal ne respunt sun nevuld.
Franceis se taisent ne mais que Guenelun:
En piez se drecet si vint devant Carlun,
Mult fierement cumencet sa raisun
220 E dist al rei: 'Ja mar crerez bricun,
Ne mei ne altre, se de vostre prod nun.
Quant ço vos mandet li reis Marsiliun
Qu'il devendrat jointes ses mains tis hom
E tute Espaigne tendrat par vostre dun,
225 Puis recevrat la lei que nus tenum,   5ᵃ
Ki ço vos lodet que cest plait degetuns,
Ne li chalt, sire, de quel mort nus murjuns.
Cunseill d'orguill n'est dreiz que a plus munt;
Laissun les fols, as sages nus tenuns.' Aoi.

XVI

230 Aprés iço i est Neimes venud,
Meillor vassal n'aveit en la curt nul,
E dist al rei: 'Ben l'avez entendud,
Guenes li quens ço vus ad respondud;
Saveir i ad, mais qu'il seit entendud.
235 Li reis Marsilie est de guere vencud;
Vos li avez tuz ses castels toluz,
Od voz caables avez fruisét ses murs,
Ses citez arses e ses humes vencuz;
Quant il vos mandet qu'aiez mercit de lui,
240 Pecchét fereit ki dunc li fesist plus . . .
U par ostage vos en voelt faire soürs,
Ceste grant guerre ne deit munter a plus.'
Dient Franceis: 'Ben ad parlét li dux.' Aoi.

XVII

'Seignurs baruns, qui i enveieruns
245 En Sarraguce al rei Marsiliuns?'
Respunt dux Neimes: 'Jo irai, par vostre dun.
Livrez m'en ore le guant e le bastun.'
Respunt li reis: 'Vos estes saives hom,
Par ceste barbe e par cest men gernun,
250 Vos n'irez pas uan de mei si luign.
Alez sedeir, quant nuls ne vos sumunt.'   *5b*

XVIII

'Seignurs baruns, qui i purruns enveier,
Al Sarrazin ki Sarraguce tient?'
Respunt Rollant: 'Jo i puis aler mult ben.'
255 'Nu[n] ferez certes', dist li quens Oliver,
'Vostre curages est mult pesmes e fiers;
Jo me crendreie que vos vos meslisez.
Se li reis voelt, jo i puis aler ben.'
Respunt li reis: 'Ambdui vos en taisez!
260 Ne vos ne il n'i porterez les piez;
Par ceste barbe que veez blancheier,
Li duze per mar i serunt jugez.'
Franceis se taisent, as les vus aquisez.

XIX

Turpins de Reins en est levét del reno
265 E dist al rei: 'Laisez ester voz Francs.
En cest païs avez estét set anz.
Mult unt oüd e peines e ahans.
Dunez m'en, sire, le bastun e le guant
E jo irai al Sarazin espan,
270 Si·n vois vedeir alques de sun semblant.'
Li empereres respunt par maltalant:
'Alez sedeir desur cel palie blanc;
N'en parlez mais, se jo ne·l vos cumant.' AOI.

XX

'Francs chevalers,' dist li emperere Carles,
275 'Car m'eslisez un barun de ma marche

Qu'a Marsiliun me portast mun message.'
Ço dist Rollant: 'Ço ert Guenes mis parastre.'
Dient Franceis: 'Car il le poet ben faire.
Se lui lessez, n'i trametrez plus saive.'   6a
280 E li quens Guenes en fut mult anguisables.
De sun col getet ses grandes pels de martre
E est remés en sun blialt de palie;
Vairs out [les oilz] e mult fier lu visage.
Gent out le cors e les costez out larges.
285 Tant par fut bels tuit si per l'en esguardent
Dist a Rollant: 'Tut fol, pur quei t'esrages?
Ço set hom ben que jo sui tis parastres,
Si as jugét qu'a Marsiliun en alge.
Se Deus ço dunet que jo de la repaire,
290 Jo t'en muvra[i] un si grant contr[a]ire
Ki durerat a trestut tun edage.'
Respunt Rollant: 'Orgoill oi e folage.
Ço set hom ben, n'ai cure de manace;
Mai[s] saives hom, il deit faire message.
295 Si li reis voelt, prez sui por vus le face.'

XXI

Guenes respunt: 'Pur mei n'iras tu mie. AOI.
Tu n'ies mes hom ne jo ne sui tis sire.
Carles comandet que face sun servise,
En Sarraguce en irai a Marsilie;
300 Einz i frai un poi de [le]gerie
Que jo n'esclair ceste meie grant ire.'
Quant l'ot Rollant, si cumençat a rire. AOI.

XXII

Quant ço veit Guenes que ore s'en rit Rollant,
Dunc ad tel doel, pur poi d'ire ne fent;
305 A ben petit que il ne pert le sens.
E dit al cunte: 'Jo ne vus aim nïent,
Sur mei avez turnét fals jugement.   6b
Dreiz emperere, veiz me ci en present:
Ademplir voeill vostre comandement.'

XXIII

310 'En Sarraguce sai ben que aler m'estoet: Aoi.
Hom ki la vait, repairer ne s'en poet.
Ensurquetut si ai jo vostre soer,
S·in ai un filz, ja plus bels nen estoet,
Ço est Baldewin,' ço dit, 'ki ert prozdoem;
315 A lui lais jo mes honurs e mes fieus.
Guadez le ben, ja ne·l verrai des oilz.'
Carles respunt: 'Tro[p] avez tendre coer;
Puis que·l comant, aler vus en estoet.'

XXIV

Ço dist li reis: 'Guenes, venez avant, Aoi.
320 Si recevez le bastun e lu guant.
Oït l'avez, sur vos le jugent Franc.'
'Sire,' dist Guenes, 'ço ad tut fait Rollant,
Ne l'amerai a trestut mun vivant,
Ne Oliver, por ço qu'il est si cumpainz,
325 Li duze per, por qu'il l'aiment tant;
Desfi les ci, sire, vostre veiant.'
Ço dist li reis: 'Trop avez maltalant,
Or irez vos certes, quant jo·l cumant.'
'Jo i puis aler, mais n'i avrai guarant; Aoi.
330 Nul out Basilies, ne sis freres Basant.'

XXV

Li empereres li tent sun guant le destre,
Mais li quens Guenes iloec ne volsist estre.
Quant le dut prendre, si li caït a tere.
Dient Franceis: 'Deus, que purrat ço estre?   7a
335 De cest message nos avendrat grant perte.'
'Seignurs,' dist Guenes, 'vos en orrez noveles.'

XXVI

'Sire,' dist Guenes, 'dunez mei le cungiéd;
Quant aler dei, n'i ai plus que targer.'
Ço dist li reis· 'Al Jhesu e al mien.'
340 De sa main destre l'ad asols e seignét;
Puis li livrat le bastun e le bref.

XXVII

Guenes li quens s'en vait a sun ostel,
De guarnemenz se prent a cunreer,
De ses meillors que il pout recuvrer.
345 Esperuns d'or ad en ses piez fermez,
Ceint Murglies s'espee a sun costéd,
En Tachebrun, sun destrer, est muntéd;
L'estreu li tint sun uncle Guinemer.
La veïsez tant chevaler plorer
350 Ki tuit li dient: 'Tant mare fustes ber!
En la cort al rei mult i avez estéd,
Noble vassal vos i solt hom clamer;
Ki ço jugat que doüsez aler,
Par Charlemagne n'ert guariz ne tensez.
355 Li quens Rollant ne·l se doüst penser,
Que estrait estes de mult grant parentéd.'
Enprés li dient: 'Sire, car nos menez!'
Ço respunt Guenes: 'Ne placet Damnedeu!
Mielz est que sul moerge que tant bon chevaler.
360 En dulce France, seignurs, vos en irez,
De meie part ma muiller salüez,
E Pinabel, mun ami e mun per,   7ᵇ
E Baldewin, mun filz que vos savez,
E lui aidez e pur seignur le tenez.'
365 Entret en sa veie, si s'est achiminez. AOI.

XXVIII

Guenes chevalchet suz une olive halte,
Asemblét s'est as Sarrazins messag[es].
Mais Blancandrins ki envers lu s'atarget!
Par grant saveir parolet li uns a l'altre.
370 Dist Blancandrins: 'Merveilus hom est Charles,
Ki cunquist Puille e trestute Calabre,
Vers Engletere passat il la mer salse,
Ad oes seint Pere en cunquist le chevage;
Que nus requert ça en la nostre marche?'
375 Guenes respunt: 'Itels est sis curages,
Jamais n'ert hume ki encuntre lui vaille.' AOI.

XXIX

Dist Blancandrins: 'Francs sunt mult gentilz home,
Mult grant mal funt e [cil] duc e cil cunte
A lur seignur ki tel cunseill li dunent,
380   Lui e altrui travaillent e cunfundent.'
Guenes respunt: 'Jo ne sai veirs nul hume,
Ne mes Rollant ki uncore en avrat hunte.
Er matin sedeit li emperere suz l'umbre,
Vint i ses nies, out vestue sa brunie,
385   E out predét dejuste Carcasonie;
En sa main tint une vermeille pume,
'Tenez, bel sire,' dist Rollant a sun uncle,
'De trestuz reis vos present les curunes.'
Li soens orgoilz le devreit ben cunfundre,
390   Kar chascun jur de mort s'abandunet.
Seit ki l'ociet tute pais puis avriumes.' Aoi.   *8a*

XXX

Dist Blancandrins: 'Mult est pesmes Rollant,
Ki tute gent voelt faire recreant
E tutes teres met en chalengement.
395   Par quele gent quiet il espleiter tant?'
Guenes respunt: 'Par la franceise gent,
Il l'aiment tant, ne li faldrunt nïent,
Or e argent lur met tant en present,
Muls e destrers e palies e guarnemenz.
400   L'emperere meïsmes ad tut a sun talent,
Cunquerrat li les teres d'ici qu'en orïent.' Aoi.

XXXI

Tant chevalcherent Guenes e Blancandrins,
Que l'un a l'altre la sue feit plevit
Que il querreient que Rollant fust ocis.
405   Tant chevalcherent e veies e chemins
Que en Sarraguce descendent suz un if.
Un faldestoet out suz l'umbre d'un pin,
Envolupét fut d'un palie alexandrin,
La fut li reis ki tute Espaigne tint.
410   Tut entur lui vint milie Sarrazins,
N'i ad celoi ki mot sunt ne mot tint

Pur les nuveles qu'il vuldreient oïr.
Atant as vos Guenes e Blanchandrins¹

XXXII

Blancandrins vint devant Marsiliun,
415 Par le puig[n] tint le cunte Guenelun,
E dist al rei: 'Salvez seiez de Mahun
E d'Apollin, qui seintes leis tenuns.
Vostre message fesime[s] a Charlun,
Ambes ses mains en levat cuntre munt,
420 Loat sun deu, ne fist altre respuns.   *8b*
Ci vos enveiet un sun noble barun
Ki est de France, si est mult riches hom;
Par lui orrez si avrez pais u nun.'
Respunt Marsilie: 'Or diet, nus l'orrum.' Aoi.

XXXIII

425 Mais li quens Guenes se fut ben purpensét,
Par grant saver cumencet a parler
Cume celui ki ben faire le set.
E dist al rei: 'Salvez seiez de Deu,
Li glorïus qui devum aürer!
430 Iço vus mandet Carlemagnes li ber
Que recevez seinte chrestïentét;
Demi Espaigne vos voelt en fiu duner.
Se cest' acorde ne vulez otrïer,
Pris e lïez serez par poëstéd,
435 Al siege ad Ais en serez amenét,
Par jugement serez iloec finét,
La murrez vus a hunte e a viltét.'
Li reis Marsilies en fut mult esfreéd;
Un algier tint ki d'or fut enpenét,
440 Ferir l'en volt, se n'en fust desturnét. Aoi.

XXXIV

Li reis Marsilies ad la culur müee,
De sun algeir ad la hanste crollee.
Quant le vit Guenes, mist la main a l'espee
Cuntre dous deie l'ad del furrer getee.
445 Si li ad dit: 'Mult estes bele e clere;

Tant vus avrai en curt a rei portee,
Ja ne·l dirat de France li emperere
Que suls i moerge en l'estrange cuntree,
Einz vos avrunt li meillor cumparee.'   *9a*
450   Dient paien: 'Desfaimes la meslee.'

XXXV

Tuit li prierent li meillor Sarrazin
Qu'el faldestoed s'es[t] Marsilies asis.
Dist l'algalifes: 'Mal nos avez baillit
Que li Franceis asmastes a ferir;
455   Vos le doüssez esculter e oïr.'
'Sire,' dist Guenes, 'mei l'avent a suffrir.
Jo ne lerreie por tut l'or que Deus fist,
Ne por tut l'aveir ki seit en cest païs,
Que jo ne li die, se tant ai de leisir,
460   Que Charles li mandet, li reis poësteïfs,
Par mei li mandet sun mortel enemi.'
Afublez est d'un mantel sabelin
Ki fut cuvert d'un palie alexandrin;
Getet le a tere, si·l receit Blancandrin.
465   Mais de s'espee ne volt mie guerpir,
En sun puign destre par l'orie punt la tint.
Dient paien: 'Noble baron ad ci!' Aoi.

XXXVI

Envers le rei s'est Guenes aproismét,
Si li ad dit: 'A tort vos curuciez;
470   Quar ço vos mandet Carles, ki France tient,
Que recevez la lei de chrestïens;
Demi Espaigne vus durat il en fiet,
L'altre meitét avrat Rollant sis nies;
Mult orguillos parçuner i avrez.
475   Si ceste acorde ne volez otrïer,
En Sarraguce vus vendrat aseger,
Par poëstét serez pris e lïez.
Menét serez [en]dreit ad Ais le siet;
Vus n'i avrez palefreid ne destrer   *9b*
480   Ne mul ne mule que puissez chevalcher,
Getét serez sur un malvais sumer:

Par jugement iloec perdrez le chef.
Nostre emperere vus enveiet cest bref.'
El destre poign al paien l'ad livrét.

XXXVII

485 Marsilies fut esculurez de l'ire,
Freint le seel, getét en ad la cire,
Guardet al bref, vit la raisun escrite:
'Carle me mandet ki France ad en baillie
Que me remembre de la dolur e de l'ire:
490 Ço est de Basan e de sun frere Basilie,
Dunt pris les chefs as puis de Haltoïe.
Se de mun cors voeil aquiter la vie,
Dunc li envei mun uncle l'algalife;
Altrement ne m'amerat il mie.'
495 Aprés parlat ses filz envers Marsilies
E dist al rei: 'Guenes ad dit folie;
Tant ad errét, nen est dreiz que plus vivet
Livrez le mei, jo en ferai la justise.'
Quant l'oït Guenes, l'espee en ad branlie,
500 Vait s'apuier suz le pin a la tige.

XXXVIII

Enz el verger s'en est alez li reis,
Ses meillors humes en meinet ensembl'od sei,
E Blancandrins i vint al canud peil
E Jurfaret, ki est ses filz e ses heirs,
505 E l'algalifes sun uncle e sis fedeilz.
Dist Blancandrins: 'Apelez le Franceis,
De nostre prod m'ad plevie sa feid.'
Ço dist li reis: 'E vos l'i ameneiz.'   *10a*
Guenelun prist par la main destre ad deiz,
510 Enz el verger l'en meinet josqu'al rei;
La purparolent la traïsun seinz dreit. Aoi.

XXXIX

'Bel sire Guenes,' ço li ad dit Marsilie,
'Jo vos ai fait alques de legerie,
Quant por ferir vus demustrai grant ire.

515 Guaz vos en dreit par cez pels sabelines,
Melz en valt l'or que ne funt cinc cenz livres;
Einz demain noit en iert bele l'amendise.'
Guenes respunt: 'Jo ne·l desotrei mie;
Deus, se lui plaist, a bien le vos mercie.' Aoi.

XL

520 Ço dist Marsilies: 'Guenes, par veir sacez,
En talant ai que mult vos voeill amer;
De Carlemagne vos voeill oïr parler.
Il est mult vielz, si ad sun tens usét,
Men escïent dous cens anz ad passét;
525 Par tantes teres ad sun cors demenéd.
Tanz [colps] ad pris sur sun escut bucler,
Tanz riches reis cunduit a mendistéd:
Quant ert il mais recreanz d'osteier?'
Guenes respunt: 'Carles n'est mie tels,
530 N'est hom ki·l veit e conuistre le set
Que ço ne diet que l'emperere est ber.
Tant ne·l vos sai ne preiser ne loër
Que plus n'i ad d'onur e de bontét:
Sa grant valor ki·l purreit acunter?
535 De tel barnage l'ad Deus enluminét,
Meilz voelt murir que guerpir sun barnét.'

XLI

Dist li paiens: 'Mult me puis merveiller   *10b*
De Carlemagne, ki est canuz e vielz,
Men escïentre dous cenz anz ad e mielz;
540 Par tantes teres ad sun cors traveillét,
Tanz cols ad pris de lances e d'espiét,
Tanz riches reis conduiz a mendistiét,
Quant ert il mais recreanz d'osteier?'
'Ço n'iert,' dist Guenes, 'tant cum vivet sis nies,
545 N'at tel vassal suz la cape del ciel;
Mult par est proz sis cumpainz Oliver.
Les ·xii· pers que Carles ad tant chers
Funt les enguardes a ·xx· milie chevalers:
Soürs est Carles, que nuls home ne crent.' Aoi.

XLII

550 Dist li Sarrazins: 'Merveille en ai grant
De Carlemagne, ki est canuz et blancs;
Mien escïentre plus ad de ·ii·c· anz.
Par tantes teres est alét cunquerant,
Tanz colps ad pris de bons espiez trenchanz,
555 Tanz riches reis morz e vencuz en champ,
Quant ier il mais d'osteier recreant?'
'Ço n'iert,' dist Guenes, 'tant cum vivet Rollant,
N'ad tel vassal d'ici qu'en orïent.
Mult par est proz Oliver sis cumpainz.
560 Li ·xii· per que Carles aimet tant
Funt les enguardes a ·xx· milie de Francs:
Soürs est Carles, ne crent hume vivant.' AOI.

XLIII

'Bel sire Guenes,' dist Marsilies li reis,
'Jo ai tel gent, plus bele ne verreiz;
565 Quarte cenz milie chevalers puis aveir. *11a*
Puis m'en cumbatre a Carle e a Franceis?'
Guenes respunt: 'Ne vus a ceste feiz:
De voz paiens mult grant perte i avreiz;
Lessez la folie, tenez vos al saveir.
570 L'empereür tant li dunez aveir,
N'i ait Franceis ki tot ne s'en merveilt.
Par ·xx· hostages que li enveiereiz,
En dulce France s'en repairerat li reis.
Sa rereguarde lerrat derere sei.
575 Iert i sis nies, li quens Rollant, ço crei,
E Oliver li proz e li curteis.
Mort sunt li cunte, se est ki mei en creit.
Carles verrat sun grant orguill cadeir,
N'avrat talent que ja mais vus guerreit.' AOI.

XLIV

580 'Bel sire Guenes,' [ço dist li reis Marsilies],
'Cumfaitement purrai Rollant ocire?'
Guenes respont: 'Ço vos sai jo ben dire.
Li reis serat as meillors porz de Sizer,

Sa rereguarde avrat detrés sei mise,
585   Iert i sis nics, li quens Rollant li riches,
E Oliver en qui il tant se fiet;
·xx· milie Francs unt en lur cumpaignie.
De voz paiens lur enveiez ·c· milie!
Une bataille lur i rendent cil primes:
590   La gent de France iert blecee e blesmie,
Ne·l di por ço, des voz iert la martirie,
Altre bataille lur livrez de meïsme:
De quel que seit Rollant n'estoertrat mie.
Dunc avrez faite gente chevalerie,   *11b*
595   N'avrez mais guere en tute vostre vie. Aoi.

XLV

Chi purreit faire que Rollant i fust mort,
Dunc perdreit Carles le destre braz del cors,
Si remeindreient les merveilluses oz,
N'asemblereit jamais Carles si grant esforz,
600   Tere major remeindreit en repos.'
Quan l'ot Marsilie, si l'ad baisét el col.
Puis si cumencet a uvrir ses tresors. Aoi.

XLVI

Ço dist Marsilies: 'Qu'en parlereiens mais?
Cunseill n'est proz dunt hume . . .
605   La traïsun me jurrez de Rollant.'
Ço respunt Guenes: 'Issi seit cum vos plaist.'
Sur les reliques de s'espee Murgleis
La traïsun jurat e si s'en est forsfait. Aoi.

XLVII

Un faldestoed i out d'un olifant;
610   Marsilies fait porter un livre avant,
La lei i fut Mahum e Tervagan;
Ço ad jurét li Sarrazins espans:
Se en rereguarde troevet le cors Rollant,
Cumbatrat sei a trestute sa gent,
615   E se il poet, murrat i veirement.
Guenes respunt: 'Ben seit vostre comant.' Aoi.

XLVIII

Atant i vint uns paiens Valdabruns,
Icil levat le rei Marsiliun.
Cler en riant l'ad dit a Guenelun:
620   'Tenez m'espee, meillur nen at nuls hom,
Entre les helz ad plus de mil manguns.
Par amistiez, bel sire, la vos duins,   *12a*
Que nos aidez de Rollant le barun,
Qu'en rereguarde trover le poüsum.'
625   'Ben serat fait,' li quens Guenes respunt;
Puis se baiserent es vis e es mentuns.

XLIX

Aprés i vint un paien Climorins.
Cler en riant a Guenelun l'ad dit:
'Tenez mun helme, unches meillor ne vi, . . .
630   Si nos aidez de Rollant li marchis,
Par quel mesure le poüssum hunir.'
'Ben serat fait,' Guenes respundit.
Puis se baiserent es buches e es vis. Aoi.

L

Atant i vint la reïne Bramimunde:
635   'Jo vos aim mult, sire,' dist ele al cunte,
'Car mult vos priset mi sire e tuit si hume.
A vostre femme enveierai dous nusches:
Bien i ad or, matices e jacunces,
Eles valent mielz que tut l'aveir de Rume;
640   Vostre emperere si bones ne vit unches.'
Il les ad prises, en sa hoese les butet. Aoi.

LI

Li reis apelet Malduit sun tresorer:
'L'aveir Carlun est il apareilliez?'
E cil respunt: 'Oïl, sire, asez bien:
645   ·vii·c· cameilz, d'or e argent cargiez,
E ·xx· hostages des plus gentilz desuz cel.' Aoi.

LII

Marsilies tint Gue[nelu]n par l'espalle,
Si li ad dit: 'Mult par ies ber e sage;
Par cele lei que vos tenez plus salve,
650 Guardez de nos ne turnez le curage.
De mun aveir vos voeill duner grant masse:
·x· muls cargez del plus fin or d'Arabe,
Ja mais n'iert an, altretel ne vos face.
Tenez les clefs de ceste citét large,
655 Le grant aveir en presentez al rei Carles;
Pois me jugez Rollant a rereguarde.
Se·l pois trover a port ne a passage,
Liverrai lui une mortel bataille.'
Guenes respunt: 'Mei est vis que trop targe.'
660 Pois est muntéd, entret en sun veiage. AOI.

LIII

Li empereres aproismet sun repaire,
Venuz en est a la citét de Galne.
Li quens Rollant, il l'ad e prise e fraite;
Puis icel jur en fut cent anz deserte.
665 De Guenelun atent li reis nuveles
E le treüd d'Espaigne la grant tere.
Par main en l'albe, si cum li jurz esclairet,
Guenes li quens est venuz as herberges. AOI.

LIV

Li empereres est par matin levét,
670 Messe e matines ad li reis escultét;
Sur l'erbe verte estut devant sun tref.
Rollant i fut e Oliver li ber,
Neimes li dux e des altres asez.
Guenes i vint, li fels, li parjurez;
675 Par grant veisdie cumencet a parler
E dist al rei: 'Salvez seiez de Deu,
De Sarraguce ci vos aport les clefs.
Mult grant aveir vos en faz amener
E ·xx· hostages, faites les ben guarder!

12b

13a

680 E si vos mandet reis Marsilies li ber:
    De l'algalifes ne·l devez pas blasmer,
    Kar a mes oilz vi ·iiii·c· milie armez,
    Halbers vestuz, alquanz healmes fermez,
    Ceintes espees as punz d'or neielez,
685 Ki l'en cunduistrent tresqu'en la mer.
    De Marcilie s'en fuient por la chrestïentét
    Que il ne voelent ne tenir ne guarder.
    Einz qu'il oüssent ·iiii· liues siglét,
    Si·s aquillit e tempeste e oréd:
690 La sunt neiez, jamais ne·s en verrez;
    Se il fust vif, jo l'oüsse amenét.
    Del rei paien, sire, par veir creez,
    Ja ne verrez cest premer meis passét
    Qu'il vos sivrat en France le regnét,
695 Si recevrat la lei que vos tenez,
    Jointes ses mains iert vostre comandét,
    De vos tendrat Espaigne le regnét.'
    Ço dist li reis: 'Graciét en seit Deus!
    Ben l'avez fait, mult grant prod i avrez.'
700 Parmi cel ost funt mil grailles suner,
    Franc desherbergent, funt lur sumers trosser,
    Vers dulce France tuit sunt achiminez. Aoi.

                        LV

    Carles li magnes ad Espaigne guastede,
    Les castels pris, les citez violees.
705 Ço dit li reis que sa guere out finee.
    Vers dulce France chevalchet l'emperere.   *13b*
    Li quens Rollant ad l'enseigne fermee,
    En sum un tertre cuntre le ciel levee.
    Franc se herbergent par tute la cuntree,
710 Paien chevalchent par cez greignurs valees,
    Halbercs vestuz e . . .
    Healmes lacez e ceintes lur espees,
    Escuz as cols e lances adubees.
    En un bruill par sum les puis remestrent,
715 ·iiii·c· milie atendent l'ajurnee.
    Deus, quel dulur que li Franceis ne·l sevent! Aoi.

LVI

Tresvait le jur, la noit est aserie,
Carles se dort, li empereres riches;
Sunjat qu'il eret as greignurs porz de Sizer,
720 Entre ses poinz teneit sa hanste fraisnine;
Guenes li quens l'ad sur lui saisie,
Par tel aïr l'at crullee e brandie
Qu'envers le cel en volent les escicles.
Carles se dort, qu'il ne s'esveillet mie.

LVII

725 Aprés iceste altre avisiun sunjat:
Qu'il ert en France a sa capele ad Ais,
El destre braz li morst uns vers si mals.
Devers Ardene vit venir uns leuparz,
Sun cors demenie mult fierement asalt.
730 D'enz de [la] sale uns veltres avalat
Que vint a Carles le[s] galops e les salz,
La destre oreille al premer ver trenchat,
Ireement se cumbat al lepart.
Dient Franceis que grant bataille i ad,   *14a*
735 Il ne sevent li quels d'els la veintrat.
Carles se dort, mie ne s'esveillat. AOI.

LVIII

Tresvait la noit e apert la clere albe.
Parmi cel host sunent . . . graisles.
Li empereres mult fierement chevalchet.
740 'Seignurs barons,' dist li empereres Carles,
'Veez les porz e les destreiz passages;
Kar me jugez ki ert en la rereguarde.'
Guenes respunt: 'Rollant, cist miens fillastre
N'avez baron de si grant vasselage.'
745 Quant l'ot li reis, fierement le reguardet,
Si li ad dit: 'Vos estes vifs diables,
El cors vos est entree mortel rage.
E ki serat devant mei en l'ansguarde?'
Guenes respunt: 'Oger de Denemarche,
750 N'avez barun ki mielz de lui la facet.'

LIX

Li quens Rollant quant il s'oït juger. Aoi.
Dunc ad parléd a lei de chevaler:
'Sire parastre, mult vos dei aveir cher,
La rereguarde avez sur mei jugiét.
755 N'i perdrat Carles, li reis ki France tient,
Men escïentre palefreid ne destrer,
Ne mul ne mule que deiet chevalcher,
Nen i perdrat ne runcin ne sumer
Que as espees ne seit einz eslegiét.'
760 Guenes respunt: 'Veir dites, jo·l sai bien.' Aoi

LX

Quant ot Rollant qu'il ert en la rereguarde,
Ireement parlat a sun parastre: 14b
'Ahi culvert, malvais hom de put aire!
Quias le guant me caïst en la place,
765 Cume fist a tei le bastun devant Carle?' Aoi.

LXI

'Dreiz emperere,' dist Rollant le barun,
'Dunez mei l'arc que vos tenez el poign,
Men escïentre ne·l me reproverunt
Que il me chedet, cum fist a Guenelun
770 De sa main destre, quant reçut le bastun.'
Li empereres en tint sun chef enbrunc,
Si duist sa barbe e detoerst sun gernun,
Ne poet müer que des oilz ne plurt.

LXII

Anprés iço i est Neimes venud,
775 Meillor vassal n'out en la curt de lui;
E dist al rei: 'Ben l'avez entendut,
Li quens Rollant il est mult irascut,
La rereguarde est jugee sur lui,
N'avez baron ki jamais la remut;
780 Dunez li l'arc que vos avez tendut,
Si li truvez ki tresbien li aiut.'
Li reis dunet e Rollant l'a reçut.

LXIII

Li empereres apelet ses nies Rollant:
'Bel sire nies, or savez veirement
785 Demi mun host vos lerrai en present.
Retenez les, ço est vostre salvement.'
Ço dit li quens: 'Jo n'en ferai nïent;
Deus me cunfunde, se la geste en desment!
·xx· milie Francs retrendrai ben vaillanz;   *15a*
790 Passez les porz trestut soürement,
Ja mar crendrez nul hume a mun vivant!'

LXIV

Li quens Rollant est muntét el destrer, Aoi.
Cuntre lui vient sis cumpainz Oliver;
Vint i Gerins e li proz quens Gerers
795 E vint i Otes, si i vint Berengers
E vint i Astors e Anseïs li fiers;
Vint i Gerart de Rossillon li veillz,
Venuz i est li riches dux Gaifiers.
Dist l'arcevesque: 'Jo irai par mun chef.'
800 'E jo od vos,' ço dist li quens Gualters,
'Hom sui Rollant, jo ne li dei faillir.'
Entr'e[l]s eslisen[t] ·xx· milie chevalers. Aoi.

LXV

Li quens Rollant Gualter del Hum apelet:
'Pernez mil Francs de France nostre tere,
805 Si purpernez les destreiz e les tertres,
Que l'emperere nis un des soens n'i perdet.' Aoi.
Respunt Gualter: 'Pur vos le dei ben faire.'
Od mil Franceis de France la lur tere,
Gualter desrenget les destreiz e les tertres,
810 N'en descendrat pur malvaises nuveles
Enceis qu'en seient ·vii·c· espees traites.
Reis Almaris del regne de Belferne
Une bataille lur livrat le jur pesme.

LXVI

Halt sunt li pui, e li val tenebrus,
815 Les roches bises, les destreiz merveillus.

Le jur passerent Franceis a grant dulur,   *15b*
De ·xv· liu[e]s en ot hom la rimur.
Puis que il venent a la tere majur,
Virent Guascuigne, la tere lur seignur.
820 Dunc lur remembret des fius e des honurs
E des pulcele[s] e des gentilz oixurs:
Cel nen i ad ki de pitét ne plurt.
Sur tuz les altres est Carles anguissus:
As porz d'Espaigne ad lessét sun nevold,
825 Pitét l'en prent, ne poet müer n'en plurt. Aoi.

LXVII

Li ·xii· per sunt remés en Espaigne,
·xx· milie Fr(r)ancs unt en lur cumpaigne,
Nen unt poür ne de murir dutance.
Li emperere s'en repairet en France,
830 Suz sun mantel en fait la cuntenance.
Dejuste lui li dux Neimes chevalchet
E dit al rei: 'De quei avez pesance?'
Carles respunt: 'Tort fait ki·l me demandet,
Si grant doel ai, ne puis müer ne·l pleigne.
835 Par Guenelun serat destruite France—
Enoit m'avint un' avisiun d'angele—
Que entre mes puinz me depeçout ma hanste
Chi ad jugét mis nes a rereguarde.
Jo l'ai lessét en une estrange marche;
840 Deus! se jo·l pert, ja n'en avrai escange.' Aoi.

LXVIII

Carles li magnes ne poet müer n'en plurt;
·c· milie Francs pur lui unt grant tendrur
E de Rollant merveilluse poür.
Guen[e]s li fels en ad fait traïsun: *16a*
845 Del rei paien en ad oüd granz duns,
Or e argent, palies e ciclatuns,
Muls e chevals e cameilz e leüns.
Marsilies mandet d'Espaigne les baruns:
Cuntes, vezcuntes e dux e almaçurs,
850 Les amirafles e les filz as cunturs,

·iiii·c· milie en ajustet en ·iii· jurz.
En Sarraguce fait suner ses taburs;
Mahumet levent en la plus halte tur,
N'i ad paien, ne·l prit e ne·l aort.
855 Puis si chevalchent par mult grant cuntençun
La tere certeine e les vals e les munz.
De cels de France virent les gunfanuns.
La rereguarde des ·xii· cumpaignuns
Ne lesserat bataille ne lur dunt.

LXIX

860 Li nies Marsilie, il est venuz avant,
Sur un mulet od un bastun tuchant;
Dist a sun uncle belement en riant:
'Bel sire reis, jo vos ai servit tant,
Si·n ai oüt e peines e ahans,
865 Faites batailles e vencues en champ,
Dunez m'un feu, ço est le colp de Rollant;
Jo l'ocirai a mun espiét trenchant.
Se Mahumet me voelt estre guarant,
De tute Espaigne aquiterai les pans,
870 Des purz d'Espaigne entresqu'a Durestant.
Las serat Carles, si recrerrunt si Franc.
Ja n'avrez mais guere en tut vostre vivant.'   *16b*
Li reis Marsilie l'en ad dunét le guant. Aoi.

LXX

Li nies Marsilies tient le guant en sun poign,
875 Sun uncle apelet de mult fiere raisun:
'Bel sire reis, fait m'avez un grant dun.
Eslisez mei ·xii· de voz baruns,
Si·m cumbatrai as ·xii· cumpaignuns.'
Tut premerein l'en respunt Falsaron,
880 Icil ert frere al rei Marsiliun:
'Bel sire nies, e jo e vos irum,
Ceste bataille veirement la ferum.
La rereguarde de la grant host Carlun,
Il est jugét que nus les ocirum.' Aoi.

LXXI

885 Reis Corsalis, il est de l'altre part,
Barbarins est e mult de males arz;
Cil ad parlét a lei de bon vassal:
Pur tut l'or Deu ne volt estre cuard.
As vos poignant Malprimis de Brigant,
890 Plus curt a piet que ne fait un cheval.
Devant Marsilie cil s'escriet mult halt:
'Jo cunduirai mun cors en Rencesvals,
Se truis Rollant, ne lerrai que ne·l mat.'

LXXII

Uns amurafles i ad de Balaguez,
895 Cors ad mult gent e le vis fier e cler;
Puis que il est sur sun cheval muntét,
Mult se fait fiers de ses armes porter,
De vasselage est il ben alosez;
Fust chrestïens, asez oüst barnét.
900 Devant Marsilie cil en est escriét: *17ª*
'En Rencesvals irai mun cors guier;
Se truis Rollant, de mort serat finét
E Oliver e tuz les ·xii· pers;
Franceis murrunt a doel e a viltiét.
905 Carles li magnes velz est e redotez,
Recreanz ert de sa guerre mener,
Si nus remeindrat Espaigne en quitedét.'
Li reis Marsilie mult l'en ad merciét. Aoi.

LXXIII

Uns almaçurs i ad de Moriane,
910 N'ad plus felun en la tere d'Espaigne.
Devant Marsilie ad faite sa vantance:
'En Rencesvals guierai ma cumpaigne,
·xx· milie ad escuz e a lances;
Se trois Rollant, de mort li duins fiance,
915 Jamais n'ert jor que Carles ne se pleignet.' Aoi.

LXXIV

D'altre part est Turgis de Turteluse,
Cil est uns quens, si est la citét sue;
De chrestïens voelt faire male vode.

Devant Marsilie as altres si s'ajust[et],
920 Ço dist al rei: 'Ne vos esmaiez unches!
Plus valt Mahum que seint Perre de Rume;
Se lui servez, l'onur del camp ert nostre.
En Rencesvals a Rollant irai juindre,
De mort n'avrat guarantisun pur hume.
925 Veez m'espee ki est e bone e lunge!
A Durendal jo la metrai encuntre;
Asez orrez la quele irat desure.
Franceis murrunt, si a nus s'abandunent,   *17b*
Carles li velz avrat e deol e hunte,
930 Jamais en tere ne porterat curone.'

LXXV

De l'altre part est Escremiz de Valterne,
Sarrazins est, si est sue la tere;
Devant Marsilie s'escriet en la presse:
'En Rencesvals irai l'orgoill desfaire;
935 Se trois Rollant, n'en porterat la teste,
Ne Oliver ki les altres cadelet,
Li ·xii· per tuit sunt jugez a perdre,
Franceis murrunt e France en ert deserte,
De bons vassals avrat Carles suffraite.' Aoi.

LXXVI

940 D'altre part est uns paiens Esturganz,
Estramariz i est, un soens cumpainz;
Cil sunt felun, traïtur suduiant.
Ço dist Marsilie: 'Seignurs, venez avant!
En Rencesvals irez as porz passant,
945 Si aiderez a cunduire ma gent.'
E cil respundent: 'A vostre comandement!
Nus asaldrum Oliver e Rollant,
Li ·xii· per n'avrunt de mort guarant;
Noz espees sunt bones e trenchant,
950 Nus les feruns vermeilles de chald sanc.
Franceis murrunt, Carles en ert dolent,
Tere majur vos metrum en present.
Venez i, reis, si·l verrez veirement,
L'empereor vos metrum en present.'

LXXVII

955 Curant i vint Margariz de Sibilie,
Cil tient la tere entrequ'as Cazmarine[s],   *18a*
Pur sa beltét dames li sunt amies:
Cele ne·l veit, vers lui ne s'esclargisset,
Quant ele le veit, ne poet müer ne riet;
960 N'i ad paien de tel chevalerie.
Vint en la presse, sur les altres s'escriet
E dist al rei: 'Ne vos esmaiez mie!
En Rencesvals irai Rollant ocire,
Ne Oliver n'en porterat la vie,
965 Li ·xii· per sunt remés en martirie.
Veez m'espee ki d'or est enheldie,
Si la tramist li amiralz de Primes.
Jo vos plevis qu'en vermeill sanc ert mise,
Franceis murrunt e France en ert hunie.
970 Carles li velz a la barbe flurie,
Jamais n'ert jurn qu'il n'en ait doel e ire;
Jusqu'a un an avrum France saisie,
Gesir porrum el burc de seint Denise.'
Li reis paiens parfundement l'enclinet. Aoi.

LXXVIII

975 De l'altre part est Chernubles de Munigre,
Jusqu'a la tere si chevoel li balient,
Greignor fais portet par giu, quant il s'enveiset,
Que ·iiii· mulez ne funt, quant il sumeient.
Icele tere, ço dit, dun il estei[e]t,
980 Soleill n'i luist, ne blet n'i poet pas creistre,
Pluie n'i chet, rusee n'i adeiset,
Piere n'i ad que tute ne seit neire.
Dient alquanz que diables i meignent.   *18b*
Ce dist Chernubles: 'Ma bone espee ai ceinte,
985 En Rencesvals jo la teindrai vermeille;
Se trois Rollant, li proz, enmi ma veie,
Se ne l'asaill, dunc ne faz jo que creire,
Si cunquerrai Durendal od la meie,
Franceis murrunt e France en ert deserte.
990 A icez moz li ·xii· [per] s'alient,

Itels ·c· milie Sarrazins od els meinent
Ki de bataille s'arguent e hasteient;
Vunt s'aduber desuz une sapeie.

LXXIX

Paien s'adubent des osbercs sarazineis,
995 Tuit li plusur en sunt dublez en treis,
Lacent lor elmes mult bons sarraguzeis,
Ceignent espees de l'acer vianeis,
Escuz unt genz, espiez valentineis
Ľ gunfanuns blancs e blois e vermeilz;
1000 Laissent les muls e tuz les palefreiz,
Es destrers muntent, si chevalchent estreiz.
Clers fut li jurz e bels fut li soleilz,
N'unt guarnement que tut ne reflambeit,
Sunent mil grailles por ço que plus bel seit;
1005 Granz est la noise, si l'oïrent Franceis.
Dist Oliver: 'Sire cumpainz, ce crei,
De Sarrazins purum bataille aveir.'
Respont Rollant: 'E Deus la nus otreit!
Ben devuns ci estre pur nostre rei:
1010 Pur sun seignor deit hom susfrir destreiz
E endurer e granz chalz e granz freiz,   *19a*
Si·n deit hom perdre e del quir e del peil.
Or guart chascuns que granz colps i empleit,
Que malvaise cançun de nus chantét ne seit!
1015 Paien unt tort e chrestïens unt dreit;
Malvaise essample n'en serat ja de mei.' AOI.

LXXX

Oliver est desur un pui halçur,
Guardet sur destre parmi un val herbus,
Si veit venir cele gent paienur,
1020 Si·n apelat Rollant sun cumpaignun:
'Devers Espaigne vei venir tel brunur,
Tanz blancs osbercs, tanz elmes flambïus,
Icist ferunt nos Franceis grant irur.
Guenes le sout, li fel, li traïtur,
1025 Ki nus jugat devant l'empereür.'

'Tais, Oliver,' li quens Rollant respunt,
'Mis parrastre est, ne voeill que mot en suns.'

LXXXI

Oliver est desur un pui muntét,
Or veit il ben d'Espaigne le regnét
1030 E Sarrazins ki tant sunt asemblez.
Luisent cil elme ki ad or sunt gemmez
E cil escuz e cil osbercs safrez
E cil espiez, cil gunfanun fermez;
Sul les escheles ne poet il acunter,
1035 Tant en i ad que mesure n'en set.
E lui meïsme en est mult esguarét;
Cum il einz pout, del pui est avalét,
Vint as Franceis, tut lur ad acuntét.

LXXXII

Dist Oliver: 'Jo ai paiens veüz,   *19b*
1040 Unc mais nuls hom en tere n'en vit plus.
Cil devant sunt ·c· milie ad escuz,
Helmes laciez e blancs osbercs vestuz,
Dreites cez hanstes, luisent cil espiét brun.
Bataille avrez, unches mais tel ne fut.
1045 Seignurs Franceis, de Deu aiez vertut;
El camp estez, que ne seium vencuz.'
Dient Franceis: 'Dehét ait ki s'en fuit.
Ja pur murir ne vus en faldrat uns.' Aoi.

LXXXIII

Dist Oliver: 'Paien unt grant esforz,
1050 De noz Franceis m'i semblet aveir mult poi.
Cumpaign Rollant, kar sunez vostre corn!
Si l'orrat Carles, si returnerat l'ost.'
Respunt Rollant: 'Jo fereie que fols,
En dulce France en perdreie mun los.
1055 Sempres ferrai de Durendal granz colps,
Sanglant en ert li branz entresqu'a l'or.
Felun paien mar i vindrent as porz.
Jo vos plevis, tuz sunt jugez a mort.' Aoi.

LXXXIV

'Cumpainz Rollant, l'olifan car sunez!
1060 Si l'orrat Carles, ferat l'ost returner,
Succurrat nos li reis od sun barnét.'
Respont Rollant: 'Ne placet Damnedeu
Que mi parent pur mei seient blasmét,
Ne France dulce ja cheet en viltét!
1065 Einz i ferrai de Durendal asez,
Ma bone espee, que ai ceint al costét,
Tut en verrez le brant ensanglentét.
Felun paien mar i sunt asemblez.
Jo vos plevis, tuz sunt a mort livrez.' Aoi.

LXXXV

1070 'Cumpainz Rollant, sunez vostre olifan;
Si l'orrat Carles ki est as porz passant.
Je vos plevis, ja returnerunt Franc.'
'Ne placet Deu', ço li respunt Rollant,
'Que ço seit dit de nul hume vivant
1075 Ne pur paien que ja seie cornant!
Ja n'en avrunt reproece mi parent.
Quant jo serai en la bataille grant
E jo ferrai e mil colps e ·vii· cenz,
De Durendal verrez l'acer sanglent.
1080 Franceis sunt bon, si ferrunt vassalment;
Ja cil d'Espaigne n'avrunt de mort guarant.'

LXXXVI

Dist Oliver: 'D'iço ne sai jo blasme;
Jo ai veüt les Sarrazins d'Espaigne,
Cuverz en sunt li val e les muntaignes
1085 E li lariz e trestutes les plaignes.
Granz sunt les oz de cele gent estrange,
Nus i avum mult petite cumpaigne.'
Respunt Rollant: 'Mis talenz en engraigne;
Ne placet Damnedeu ne ses angles
1090 Que ja pur mei perdet sa valur France!
Melz voeill murir que huntage me venget;
Pur ben ferir l'emperere plus nos aimet.'

LXXXVII

Rollant est proz e Oliver est sage,
Ambedui unt meveillus vasselage.   *20b*
1095 Puis que il sunt as chevals e as armes,
Ja pur murir n'eschiverunt bataille;
Bon sunt li cunte e lur paroles haltes.
Felun paien par grant irur chevalchent.
Dist Oliver: 'Rollant, veez en alques!
1100 Cist nus sunt pres, mais trop nus est loinz Carles.
Vostre olifan suner vos ne·l deignastes;
Fust i li reis, n'i oüssum damage.
Guardez amunt devers les porz d'Espaigne!
Veeir poëz, dolente est la rereguarde;
1105 Ki ceste fait jamais n'en ferat altre.'
Respunt Rollant: 'Ne dites tel ultrage!
Mal seit del coer ki el piz se cuardet!
Nus remeindrum en estal en la place;
Par nos i ert e li colps e li caples.' Aoi.

LXXXVIII

1110 Quant Rollant veit que la bataille serat,
Plus se fait fiers que leon ne leupart.
Franceis escriet, Oliver apelat:
'Sire cumpainz, amis, ne·l dire ja!
Li empereres ki Franceis nos laisat,
1115 Itels ·xx· milie en mist a une part,
Sun escïentre n'en i out un cuard.
Pur sun seignur deit hom susfrir granz mals
E endurer e forz freiz e granz chalz,
Si·n deit hom perdre del sanc e de la char.
1120 Fier de [la] lance e jo de Durendal,
Ma bone espee, que li reis me dunat!
Se jo i moerc, dire poet ki l'avrat   *21a*
. . . . . . que ele fut a noble vassal.'

LXXXIX

D'altre part est li arcevesques Turpin,
1125 Sun cheval broche e muntet un lariz,
Franceis apelet, un sermun lur ad dit:

'Seignurs baruns, Carles nus laissat ci;
Pur nostre rei devum nus ben murir.
Chrestïentét aidez a sustenir!
1130 Bataille avrez, vos en estes tuz fiz;
Kar a voz oilz veez les Sarrazins.
Clamez vos culpes, si preiez Deu mercit!
Asoldrai vos pur voz anmes guarir.
Se vos murez, esterez seinz martirs,
1135 Sieges avrez el greignor pareïs.'
Franceis decendent, a tere se sunt mis,
E l'arcevesque de Deu les beneïst,
Par penitence les cumandet a ferir.

XC

Franceis se drecent si se metent sur piez,
1140 Ben sunt asols e quites de lur pecchez,
E l'arcevesque de Deu les ad seignez.
Puis sunt muntez sur lur curanz destrers,
Adobez sunt a lei de chevalers
E de bataille sunt tuit apareillez.
1145 Li quens Rollant apelet Oliver:
'Sire cumpainz, mult ben le saviez
Que Guenelun nos ad tuz espïez.
Pris en ad or e aveir e deners;
Li emperere nos devreit ben venger.
1150 Li reis Marsilie de nos ad fait marchét;
Mais as espees l'estuvrat esleger.' Aoi.   21b

XCI

As porz d'Espaigne en est passét Rollant
Sur Veillantif sun bon cheval curant,
Portet ses armes, mult li sunt avenanz;
1155 Mais sun espiét vait li bers palmeiant,
Cuntre le ciel vait la mure turnant,
Laciét en su[m] un gunfanun tut blanc,
Les lengues d'or li batent josqu'as mains;
Cors ad mult gent, le vis cler e riant.
1160 Sun cumpaignun aprés le vait sivant
E cil de France le cleiment a guarant.

Vers Sarrazins reguardet fierement,
E vers Franceis humeles e dulcement,
Si lur ad dit un mot curteisement:
1165 'Seignurs barons, suef, le pas tenant!
Cist paien vont grant martirie querant.
Encoi avrum un eschec bel e gent,
Nuls reis de France n'out unkes si vaillant.'
A cez paroles vunt les oz ajustant. Aoi.

XCII

1170 Dist Oliver: 'N'ai cure de parler.
Vostre olifan ne deignastes suner,
Ne de Carlun mie vos nen avez,
Il n'en set mot, n'i ad culpes li bers;
Cil ki la sunt ne funt mie a blasmer.
1175 Kar chevalchez a quanque vos püez!
Seignors baruns, el camp vos retenez!
Pur Deu vos pri, ben seiez purpensez
De colps ferir, de receivre e de duner!
L'enseigne Carle n'i devum ublïer.'   *22a*
1180 A icest mot sunt Franceis escriét.
Ki dunc oïst Munjoie demander,
De vasselage li poüst remembrer.
Puis si chevalchent, Deus! par si grant fiertét,
Brochent ad ait pur le plus tost aler,
1185 Si vunt ferir; que fereient il el?
E Sarrazins ne·s unt mie dutez:
Francs e paiens, as les vus ajustez.

XCIII

Li nies Marsilie, il ad a num Aelroth,
Tut premereins chevalchet devant l'ost.
1190 De noz Franceis vait disant si mals moz:
'Feluns Franceis, hoi justerez as noz;
Traït vos ad ki a guarder vos out;
Fols est li reis ki vos laissat as porz.
Enquoi perdrat France dulce sun los,
1195 Charles li magnes le destre braz del cors!'

Quant l'ot Rollant, Deus! si grant doel en out,
Sun cheval brochet, laiset curre a esforz,
Vait le ferir li quens quanque il pout.
L'escut li freint e l'osberc li desclot,
1200 Trenchet le piz, si li briset les os,
Tute l'eschine li desevret del dos,
Od sun espiét l'anme li getet fors;
Enpeint le ben, fait li brandir le cors,
Pleine sa hanste del cheval l'abat mort,
1205 En dous meitiez li ad brisét le col;
Ne leserat, ço dit, que n'i parolt: *22b*
'Ultre culvert, Carles n'est mie fol,
Ne traïsun unkes amer ne volt,
Il fist que proz qu'il nus laisad as porz,
1210 Oi n'en perdrat France dulce sun los.
Ferez i Francs, nostre est li premers colps!
Nos avum dreit, mais cist glutun unt tort.' AOI.

XCIV

Un duc i est, si ad num Falsaron.
Icil er frere al rei Marsiliun,
1215 Il tint la tere Dathan e Abirun,
Suz cel nen at plus encrisme felun.
Entre les dous oilz mult out large le front,
Grant demi pied mesurer i pout hom.
Asez ad doel quant vit mort sun nevold:
1220 Ist de la prese, si se met en bandun
E s'es(es)criet l'enseigne paienor,
Envers Franceis est mult cuntrarïus:
'Enquoi perdrat France dulce s'onur.'
Ot le Oliver, si·n ad mult grant irur,
1225 Le cheval brochet des oriez esperuns,
Vait le ferir en guise de baron,
L'escut li freint e l'osberc li derumpt,
El cors li met les pans del gunfanun,
Pleine sa hanste l'abat mort des arçuns.
1230 Guardet a tere, veit gesir le glutun,
Si li ad dit par mult fiere raison:
'De voz manaces, culvert, jo n'ai essoign.

Ferez i, Francs! kar tresben les veintrum.'
Munjoie escriet, ço est l'enseigne Carlun. AOI.   *23a*

XCV

1235 Uns reis i est, si ad num Corsablix,
Barbarins est d'un estra[n]ge païs,
Si apelad le[s] altres Sarrazins:
'Ceste bataille ben la puum tenir;
Kar de Franceis i ad asez petit.
1240 Cels ki ci sunt devum aveir mult vil,
Ja pur Charles n'i ert un sul guarit.
Or est le jur qu'els estuvrat murir.'
Ben l'entendit li arc[e]vesques Turpin.
Suz ciel n'at hume que [tant] voeillet haïr,
1245 Sun cheval brochet des esperuns d'or fin,
Par grant vertut si l'est alét ferir.
L'escut li freinst, l'osberc li descumfist,
Sun grant espiét parmi le cors li mist;
Empeint le ben, que mort le fait brandir,
1250 Pleine sa hanste l'abat mort el chemin;
Guardet arere, veit le glutun gesir,
Ne laisserat que n'i parolt, ço dit:
'Culvert paien, vos i avez mentit;
Carles, mi sire, nus est guarant tuz dis,
1255 Nostre Franceis n'unt talent de fuïr,
Voz cumpaignuns feruns trestuz restifs;
Nuveles vos di, mort vos estoet susfrir.
Ferez, Franceis, nul de vus ne s'ublit!
Cist premer colp est nostre, Deu mercit.
1260 Munjoie escriet por le camp retenir.

XCVI

E Gerins fiert Malprimis de Brigal,
Sis bons escuz un dener ne li valt;   *23b*
Tute li freint la bucle de cristal,
L'une meitiét li turnet cuntreval,
1265 L'osberc li rumpt entresque a la charn,
Sun bon espiét enz el cors li enbat.
Li paiens chet cuntreval a un quat,
L'anme de lui en portet Sathanas. AOI.

XCVII

E sis cumpainz Gerers fiert l'amurafle,
1270 L'escut li freint e l'osberc li desmailet,
Sun bon espiét li me(n)t en la curaille,
Empeint le bien, parmi le cors li passet,
Que mort l'abat el camp pleine sa hanste.
Dist Oliver: 'Gente est nostre bataille.'

XCVIII

1275 Sansun li dux, il vait ferir l'almaçur,
L'escut li freinst ki est a flurs e ad or,
Li bons osbercs ne li est guarant prod,
Trenchet li le coer, le firie e le pulmun,
Que l'abat [mort], qui qu'en peist u qui nun.
1280 Dist l'arcevesque: 'Cist colp est de baron.'

XCIX

E Anseïs laiset le cheval curre,
Si vait ferir Turgis de Turteluse,
L'escut li fre¹nt desuz l'oree bucle,
De sun osberc ii derumpit les dubles,
1285 Del bon espiét el cors li met la mure,
Empeinst le ben, tut le fer li mist ultre,
Pleine sa hanste el camp mort le tresturnet.
Ço dist Rollant: 'Cist colp est de produme.'

C

Et Engelers li Guascuinz de Burdele
1290 Sun cheval brochet, si li laschet la resne,   *24a*
Si vait ferir Escremiz de Valterne,
L'escut del col li freint e escantelet,
De sun osberc li rumpit la ventaille,
Si·l fiert el piz entre les dous furceles.
1295 Pleine sa hanste l'abat mort de la sele.
Aprés li dist: 'Turnét estes a perdre.' AOI.

CI

E Gaulter fie[r]t un paien Estorgans
Sur sun escut en la pene devant,

Que tut li trenchet le vermeill e le blanc;
1300 De sun osberc li ad rumput les pans,
El cors li met sun bon espiét tre[n]chant,
Que mort l'abat de sun cheval curant;
Áprés li dist: 'Ja n'i avrez guarant.'

CII

E Berenger, il fiert Astramariz,
1305 L'escut li freinst, l'osberc li descumfist,
Sun fort espiét parmi le cors li mist,
Que mort l'abat entre mil Sarrazins.
Des ·xii· pers li ·x· en sunt ocis,
Ne mes que dous n'en i ad remés vifs,
1310 Ço est Chernubles e li quens Margariz.

CIII

Margariz est mult vaillant chevalers
E bels e forz e isnels e legers;
Le cheval brochet, vait ferir Oliver,
L'escut li freint suz la bucle d'or mer,
1315 Lez le costét li conduist sun espiét.
Deus le guarit qu'ell cors ne l'ad tuchét.
La hanste fruisset, mie n'en abatiét,
Ultre s'en vait, qu'il n'i ad desturber;   24b
Sunet sun gresle pur les soens ralïer.

CIV

1320 La bataille est merveilluse e cumune;
Li quens Rollant mie ne s'asoüret,
Fiert de l'espiét, tant cume hanste li duret,
A ·xv· cols l'ad fraite e perdue,
Trait Durendal, sa bone espee nue,
1325 Sun cheval brochet, si vait ferir Chernuble,
L'elme li freint u li carbuncle luisent,
Trenchet la coife e la cheveleüre,
Si li trenchat les oilz e la faiture,
Le blanc osberc dunt la maile est menue,
1330 E tut le cors tresqu'en la furcheüre.
Enz en la sele ki est a or batue,

El cheval est l'espee aresteüe;
Trenchet l'eschine, hunc n'i out quis jointure,
Tut abat mort el pred sur l'erbe drue;
1335 Aprés li dist: 'Culvert, mar i moüstes,
De Mahumet ja n'i avrez aiude
Par tel glutun n'ert bataille oi vencue.'

CV

Li quens Rollant parmi le champ chevalchet,
Tient Durendal ki ben trenchet e taillet,
1340 Des Sarrazins lur fait mult grant damage.
Ki lui veïst l'un geter mort su[r] l'altre,
Li sanc tuz clers gesir par cele place!
Sanglant en ad e l'osberc e [la] brace,
Sun bon cheval le col e l[es] espalles.
1345 E Oliver de ferir ne se target;
Li ·xii· per n'en deivent aveir blasme.
E li Franceis i fierent si caplent,
Moerent paien e alquanz en i pasment.
Dist l'arcevesque: 'Ben ait nostre barnage!'
1350 Munjoie escriet, ço est l'enseigne Carle. Aoi.

CVI

E Oliver chevalchet par l'estor,
Sa hanste est frait[e], n'en ad que un trunçun,
E vait ferir un paien Malun,
L'escut li freint ki est ad or e a flur,
1355 Fors de la teste li met les oilz ansdous;
E la cervele li chet as piez desuz.
Mort le tresturnet od tut ·vii·c· des lur,
Pois ad ocis Turgis e Esturguz;
La hanste briset e esclicet josqu'as poinz.
1360 Ço dist Rollant: 'Cumpainz, que faites vos?
En tel bataille n'ai cure de bastun;
Fers e acers i deit aveir valor.
U est vostre espee ki Halteclere ad num?
D'or est li helz e de cristal li punz.'
1365 'Ne la poi traire,' Oliver li respunt,
'Kar de ferir oi jo si grant bosoign.' Aoi.

25a

CVII

Danz Oliver trait ad sa bone espee,
Que ses cumpainz Rollant li ad tant demandee,
E il l'i ad cum cevaler mustree;
1370 Fiert un paien Justin de Valferree,
Tute la teste li ad par mi sevree,
Trenchet le cors e [la] bronie safree,
La bone sele ki a or est gemmee,
E al ceval a l'eschine trenchee;   *25b*
1375 Tut abat mort devant loi en la pree.
Ço dist Rollant: 'Vos reconois jo, frere.
Por itels colps nos eimet li emperere.'
De tutes parz est Munjo[i]e escriee. Aoi.

CVIII

Li quens Gerins set el ceval Sorel
1380 E sis cumpainz Gerers en Passecerf;
Laschent lor reisnes, brochent amdui a ait
E vunt ferir un paien Timozel,
L'un en l'escut e li altre en l'osberc;
Lur dous espiez enz el cors li unt frait,
1385 Mort le tresturnent tres enmi un guarét.
Ne l'oï dire, ne jo mie ne·l sai,
Li quels d'els dous en fut li plus isnels.
Esperveres, icil fut filz Burel,
Celui ocist Engelers de Burdel.
1390 E l'arcevesque lor ocist Siglorel,
L'encanteür ki ja fut en enfer,
Par artimal l'i cundoist Jupiter.
Ço dist Turpin: 'Icist nos ert forsfait.'
Respunt Rollant: 'Vencut est le culvert.
1395 Oliver frere, itels colps me sunt bel.'

CIX

La bataille est aduree endementres,
Franc e paien merveilus colps i rendent,
Fierent li un, li altre se defendent.
Tant[e] hanste i ad e fraite e sanglente,
1400 Tant gunfanun rumpu e tant' enseigne.
Tant bon Franceis i perdent lor juventel

Ne reverrunt lor meres ne lor femmes,
Ne cels de France ki as porz les atendent. Aoi. *26a*

CX

Karles li magnes en pluret si se demente.
1405 De ço qui calt? Nen avrunt sucurance.
Malvais servis[e] le jur li rendit Guenes,
Qu'en Sarraguce sa maisnee alat vendre.
Puis en perdit e sa vie e ses membres:
El plait ad Ais en fut jugét a pendre,
1410 De ses parenz ensembl'od lui tels trente
Ki de murir nen ourent esperance. Aoi.

CXI

La bataille est merveilluse e pesant;
Mult ben i fiert Oliver e Rollant,
Li arcevesques plus de mil colps i rent,
1415 Li ·xii· per ne s'en targent nïent,
E li Franceis i fierent cumunement.
Moerent paien a millers e a cent.
Ki ne s'en fuit, de mort n'i ad guarent,
Voillet o nun, tut i laisset sun tens.
1420 Franceis i perdent lor meillors guarnemenz,
Ne reverrunt lor per(e)s ne lor parenz
Ne Carlemagne ki as porz les atent.
En France en ad mult merveillus turment,
Orez i ad de tuneire e de vent,
1425 Pluies e gresilz desmesureement,
Chiedent i fuildres e menut e suvent,
E terremoete ço i ad veirement.
De Seint Michel del Peril josqu'as Seinz,
Des Besençun tresqu'as [porz] de Guitsand
1430 Nen ad recét dunt li mur ne cravent.
Cuntre midi tenebres i ad granz,   *26b*
N'i ad clartét, si li ciels nen i fent;
Hume ne·l veit ki mult ne s'espaent.
Dient plusor: 'Ço est li definement,
1435 La fin del secle ki nus est en present.'
Il ne·l sevent, ne dient veir nïent:
Ço est li granz dulors por la mort de Rollant.

CXII

Franceis i unt ferut de coer e ae vigur,
Paien sunt morz a millers e a fuls,
1440 De cent millers n'en poënt guarir dous.
Dist l'arcevesaues: 'Nostre hume sunt mult proz.
Suz ciel n'ad home, plus en ait de meillors.
Il est escrit en la geste Francor
Que vassals ad li nostre empereür.'
1445 Vunt par le camp, si requerent les lor,
Plurent des oilz de doel e de tendrur
Por lor parenz par coer e par amor.
Li reis Marsilie od sa grant ost lor surt. AOI.

  . . . .

  . . . .

CXIII

Marsilie vient par mi une valee
1450 Od sa grant ost que il out asemblee,
·xx· escheles ad li reis anumbrees;
Luisent cil elme as perres d'or gemmees
E cil escuz e cez bronies saffrees.
·vii· milie graisles i sunent la menee;
1455 Grant est la noise par tute la contree.
Ço dist Rollant: 'Oliver, compaign frere,
Guenes li fels ad nostre mort juree,
La traïsun ne poet estre celee.
Mult grant venjance en prendrat l'emperere.   *27a*
1460 Bataille avrum e forte e aduree,
Unches mais hom tel ne vit ajustee.
Jo i ferrai de Durendal m'espee
E vos, compainz, ferrez de Halteclere.
En tanz lius les avum nos portees,
1465 Tantes batailles en avum afinees!
Male chançun n'en deit estre cantee.' AOI.

CXIV

Marsilies veit de sa gent le martirie,
Si fait suner ses cors e ses buisines,
Puis si chevalchet od sa grant ost banie.

1470 Devant chevalchet un Sarrazin Abisme,
      Plus fel de lui n'out en sa cumpagnie,
      Teches ad males e mult granz felonies,
      Ne creit en Deu, le filz seinte Marie;
      Issi est neirs cume peiz ki est demise.
1475 Plus aimet il traïsun e murdrie
      Que il ne fesist trestut l'or de Galice,
      Unches nuls hom ne·l vit jüer ne rire,
      Vasselage ad e molt grant estultie;
      Por ço est drud al felun rei Marsilie;
1480 Sun dragun portet a qui sa gent s'alïent.
      Li arcevesque ne l'amerat ja mie;
      Cum il le vit, a ferir le desiret,
      Mult quiement le dit a sei meïsme:
      'Cel Sarraz[ins] me semblet mult herite;
1485 Mielz est mult que jo l'alge ocire.
      Unches n'amai cuard ne cuardie.' Aoi.

CXV

      Li arcevesque cumencet la bataille,   27b
      Siet el cheval qu'il tolit a Grossaille;
      Ço ert uns reis qu'il ocist en Denemarche.
1490 Li destrers est e curanz e aates,
      Piez ad copiez e les gambes ad plates,
      Curte la quisse e la crupe bien large,
      Lungs les costez e l'eschine ad ben halte,
      Blanche la cue e la crignete jalne,
1495 Petites les oreilles, la teste tute falve;
      Beste nen est nule ki encontre lui alge.
      Li arcevesque brochet par tant grant vasselage,
      Ne laisserat qu'Abisme nen asaillet,
      Vait le ferir en l'escut a miracle.
1500 Pierres i ad, ametistes e topazes,
      Esterminals e carbuncles ki ardent;
      En Val Metas li dunat uns diables,
      Si li tramist li amiralz Galafes.
      Turpins i fiert ki nïent ne l'esparignet,
1505 Enprés sun colp ne quid que un dener vaillet;
      Le cors li trenchet tres l'un costét qu'a l'altre,

Que mort l'abat en une voide place.
Dient Franceis: 'Ci ad grant vasselage;
En l'arcevesque est ben la croce salve.'

CXVI

1510 Franceis veient que paiens i ad tant,
De tutes parz en sunt cuvert li camp;
Suvent regretent Oliver e Rollant,
Les ·xii· peres qu'il lor seient guarant.
E l'arcevesque lur dist de sun semblant:
1515 'Seignors barons, nen alez mespensant!   *28a*
Pur Deu vos pri que ne seiez fuiant,
Que nuls prozdom malvaisement n'en chant;
Asez est mielz que moerjum cumbatant,
Pramis nus est, fin prendrum a itant,
1520 Ultre cest jurn ne serum plus vivant.
Mais d'une chose vos soi jo ben guarant:
Seint pareïs vos est abandunant,
As Innocenz vos en serez seant.'
A icest mot si s'esbaldissent Franc.
1525 Cel nen i ad, Munjoie ne demant. Aoi.

CXVII

Un Sarrazin i out de Sarraguce,
De la citét l'une meitét est sue;
Ço est Climborins, ki pas ne fut produme.
Fiance prist de Guenelun le cunte,
1530 Par amistiét l'en baisat en la buche,
Si l'en dunat sun helme e s'escarbuncle.
Tere major, ço dit, metrat a hunte,
A l'emperere si toldrat la curone.
Siet el ceval qu'il cleimet Barbamusche,
1535 Plus est isnels que esprever ne arunde,
Brochet le bien, le frein li abandunet,
Si vait ferir Engeler de Guascoigne.
Ne·l poet guarir sun escut ne sa bronie;
De sun espiét el cors li met la mure,
1540 Empeint le ben, tut le fer li mist ultre,
Pleine sa hanste el camp mort le tresturnet

Aprés escriet: 'Cist sunt bon a cunfundre;
Ferez, paien! pur la presse derumpre.'   *28b*
Dient Franceis: 'Deus, quel doel de prodome!' Aoı.

CXVIII

1545 Li quens Rollant en apelet Oliver:
'Sire cumpainz, ja est morz Engeler;
Nus n'avium plus vaillant chevaler.'
Respont li quens: 'Deus le me doinst venger!'
Sun cheval brochet des esperuns d'or mier,
1550 Tient Halteclere, sanglent en est l'acer,
Par grant vertut vait ferir le paien.
Brandist sun colp e li Sarrazins chiet,
L'anme de lui en portent aversers.
Puis ad ocis le duc Alphaien,
1555 Escababi i ad le chef trenchét,
·vii· Arrabiz i ad deschevalcét;
Cil ne sunt proz ja mais pur guerreier.
Ço dist Rollant: 'Mis cumpainz est irez,
Encuntre mei fait asez a preiser,
1560 Pur itels colps nos ad Charles plus cher.'
A voiz escriet: 'Ferez i, chevaler!' Aoı.

CXIX

D'altre part est un paien Valdabrun,
Celoi levat le rei Marsiliun,
Sire est par mer de ·iiii·c· drodmunz,
1565 N'i ad eschipre qui·s cleim se par loi nun;
Jerusalem prist ja par traïsun,
Si violat le temple Salomon,
Le patriarche ocist devant les funz.
Cil ot fiance del cunte Guenelon,
1570 Il li dunat s'espee e mil manguns.
Siet el cheval qu'il cleimet Gramimund,   *29a*
Plus est isnels que nen est uns falcuns,
Brochet le bien des aguz esperuns,
Si vait ferir li riche duc Sansun,
1575 L'escut li freint e l'osberc li derumpt,
El cors li met les pans del gunfanun,

Pleine sa hanste l'abat mort des arçuns:
'Ferez, paien, car tresben les veintrum!'
Dient Franceis: 'Deus, quel doel de baron!' AOI.

CXX

1580 Li quens Rollant, quant il veit Sansun mort,
Podez saveir que mult grant doel en out.
Sun ceval brochet, si li curt ad esforz,
Tient Durendal qui plus valt que fin or.
Vait le ferir li bers quanque il pout
1585 Desur sun elme ki gemmét fut ad or.
Trenchet la teste e la bronie e le cors.
La bone sele ki est gemmét ad or,
E al cheval parfundement le dos.
Ambure ocit, ki que·l blasme ne qui·l lot.
1590 Dient paient: 'Cist colp nus est mult fort.'
Respont Rollant: 'Ne pois amer les voz;
Devers vos est li orguilz e li torz.' AOI.

CXXI

D'Affrike i ad un Affrican venut,
Ço est Malquiant, le filz al rei Malcu[i]d.
1595 Si guarnement sunt tut a or batud,
Cuntre le ciel sur tuz les altres luist,
Siet el ceval qu'il cleimet Saltperdut,
Beste nen est ki poisset curre a lui.
Il vait ferir Anseïs en l'escut,   *29b*
1600 Tut li trenchat le vermeill e l'azur,
De sun osberc li ad les pans rumput,
El cors li met e le fer e le fust,
Morz est li quens, de sun tens n'i ad plus.
Dient Franceis: 'Barun, tant mare fus!'

CXXII

1605 Par le camp vait Turpin li arcevesque,
Tel coronét ne chantat unches messe
Ki de sun cors feïst tantes proëcces.
Dist al paien: 'Deus tut mal te tramette!
Tel as ocis dunt al coer me regrette.'

1610 Sun bon ceval i ad fait esdemetre,
Si l'ad ferut sur l'escut de Tulette,
Que mort l'abat desur l'herbe verte.

CXXIII

De l'altre part est un paien Grandonies,
Filz Capuel, le rei de Capadoce.
1615 Siet el cheval que il cleimet Marmorie,
Plus est isnels que n'est oisel ki volet,
Laschet la resne, des esperuns le brochet,
Si vait ferir Gerin par sa grant force.
L'escut vermeill li freint, de[l] col li portet,
1620 Aprof li ad sa bronie desclose,
El cors li met tute l'enseingne bloie,
Que mort l'abat en une halte roche.
Sun cumpaignun Gerers ocit uncore
E Berenger e Guiun de seint Antonie.
1625 Puis vait ferir un riche duc Austorie
Ki tint Valence e l'enurs sur le Rosne.
Il l'abat mort; paien en unt grant joie.   *30a*
Dient Franceis: 'Mult decheent li nostre.'

CXXIV

Li quens Rollant tint s'espee sanglente.
1630 Ben ad oït que Franceis se dementent,
Si grant doel ad que par mi quiet fendre.
Dist al paien: 'Deus tut mal te consente!
Tel as ocis que mult cher te quid vendre.'
Sun ceval brochet, ki del curre cuntence;
1635 Ki que·l cumpert, venuz en sunt ensemble.

CXXV

Grandonie fut e prozdom e vaillant
E vertuus e vassal cumbatant,
Enmi sa veie ad encuntrét Rollant.
Enceis ne·l vit si·l reçunut veirement
1640 Al fier visage e al cors qu'il out gent
E al reguart e al contenement.
Ne poet müer qu'il ne s'en espoënt,
Fuïr s'en voel, mais ne li valt nïent.

Li quens le fiert tant vertuusement,
1645 Tresqu'al nasel tut le elme li fent;
Trenchet le nes e la buche e les denz,
Trestut le cors e l'osberc jazerenc,
De l'oree sele les dous alves d'argent
E al ceval le dos parfundement;
1650 Ambure ocist seinz nul recoevrement,
E cil d'Espaigne s'en cleiment tuit dolent.
Dient Franceis: 'Ben fiert nostre guarent.'

CXXVa

La bataille est e merveillose e grant;
Franceis i ferent des espiez brunisant.
1655 La veïssez si grant dulor de gent,   *30b*
Tant hume mort e nasfrét e sanglent!
L'un gist sur l'altre e envers e adenz,
Li sarrazin ne·l poënt susfrir tant,
Voelent u nun, si guerpissent le camp;
1660 Par vive force les enca[l]cerent Franc. AOI.

CXXVI

La (la) b[at]aille est m[erv]eilluse e hastive,
Franceis i ferent par vigur e par ire,
Tre[nche]nt cez poinz, cez costez, cez eschines,
Cez vestemenz entresque as chars vives;
1665 Sur l'erbe verte li cler sancs s'en afilet.
. . . .
'Tere major, Mahumet te maldie,
Sur tute gent est la tue hardie!'
Cel nen i ad ki ne criet: 'Marsilie!
1670 Cevalche, rei, bosuign avum d'aïe!'

CXXVII

Li quens Rollant apelet Oliver:
'Sire cumpaign, se·l volez otrier,
Li arcevesque est mult bon chevaler,
N'en ad meillor en tere ne suz cel;
1675 Ben set ferir e de lance e d'espiét.'
Respunt li quens: 'Kar li aluns aider!'
A icest mot l'unt Francs recumencét.

Dur sunt li colps e li caples est grefs;
Mult grant dulor i ad de chrestïens.
1680 Ki puis veïst Rollant e Oliver
De lur espees e ferir e capler!
Li arcevesque i fiert de sun espiét,
Cels qu'il unt mort, ben les poet hom priser,
Il est escrit es cartres e es brefs,   *31a*
1685 Ço dit la geste, plus de ·iiii· milliers.
As quatre turs lor est avenut ben,
Li quint aprés lor est pesant e gref.
Tuz sunt ocis cist Franceis chevalers
Ne mes seisante que Deus i ad esparniez.
1690 Einz que il moergent, se vendrunt mult cher. Aoi.

CXXVIII

Li quens Rollant des soens i veit grant perte.
Sun cumpaignun Oliver en apelet:
 Bel sire, chers cumpainz, por Deu, que vos en haitet?
Tanz bons vassals veez gesir par tere,
1695 Pleindre poüms France dulce la bele.
De tels barons cum or remeint deserte!
E! reis amis, que vos ici nen estes!
Oliver frere, cum le purrum nus faire,
Cumfaitement li manderum nuveles?'
1700 Dist Oliver: 'Jo ne·l sai cument quere.
Mielz voeill murir que hunte nus seit retraite.' Aoi.

CXXIX

Ço dist Rollant: 'Cornerai l'olifant,
Si l'orrat Carles ki est as porz passant;
Jo vos plevis, ja returnerunt Franc.'
1705 Dist Oliver: 'Vergoigne sereit grant
E reprover a trestuz voz parenz,
Iceste hunte dureit al lur vivant.
Quant je·l vos dis, n'en feïstes nïent;
Mais ne·l ferez par le men loëment.
1710 Se vos cornez, n'ert mie hardement.
Ja avez vos ambsdous les braz sanglanz.'
Respont li quens: 'Colps i ai fait mult genz.'   *31b*
                                            Aoi.

CXXX

Ço dit Rollant: 'Forz est nostre bataille.
Jo cornerai, si l'orrat li reis Karles.'
1715 Dist Oliver: 'Ne sereit vasselage;
Quant je·l vos dis, cumpainz, vos ne deignastes;
S'i fust li reis, n'i oüsum damage.
Cil ki la sunt n'en deivent aveir blasme.'
Dist Oliver: 'Par ceste meie barbe,
1720 Se puis veeir ma gente sorur Alde,
Ne jerreiez ja mais entre sa brace.' Aoi.

CXXXI

Ço dist Rollant: 'Por quei me portez ire?'
E il respont: 'Cumpainz, vos le feïstes;
Kar vasselage par sens nen est folie,
1725 Mielz valt mesure que ne fait estultie.
Franceis sunt morz par vostre legerie,
Jamais Karlon de nus n'avrat servise.
Se·m creïsez, venuz i fust mi sire;
Ceste bataille oüsum faite u prise,
1730 U pris u mort i fust li reis Marsilie.
Vostre proëcce, Rollant, mar la ve[ï]mes;
Karles li magnes de nos n'avrat aïe.
N'ert mais tel home des qu'a Deu juïse.
Vos i murrez e France en ert hunie.
1735 Oi nus defalt la leial compaignie,
Einz le vespre mult ert gref la departie. Aoi.

CXXXII

Li arceves[ques] les ot cuntrarïer,
Le cheval brochet des esperuns d'or mer,
Vint tresqu'a els, si·s prist a castïer:
1740 'Sire Rollant e vos sire Oliver,   *32a*
Pur Deu vos pri, ne vos cuntralïez!
Ja li corners ne nos avreit mester,
Mais nepurquant si est il asez melz:
Venget li reis, si nus purrat venger.
1745 Ja cil d'Espaigne ne s'en deivent turner liez.
Nostre Franceis i descendrunt a pied,

Truverunt nos e morz e detrenchez,
Leverunt nos en bieres sur sumers
Si nus plurrunt de doel e de pitét,
1750 Enfüerunt en aitres de musters,
N'en mangerunt ne lu ne porc ne chen.'
Respunt Rollant: 'Sire, mult dites bien.' Aoi.

CXXXIII

Rollant ad mis l'olifan a sa buche,
Empeint le ben, par grant vertut le sunet.
1755 Halt sunt li pui e la voiz est mult lunge,
Granz ·xxx· liwes l'oïrent il respundre.
Karles l'oït e ses cumpaignes tutes.
Ço dit li reis: 'Bataille funt nostre hume.'
E Guenelun li respundit encuntre:
1760 'S'altre le desist, ja semblast grant mençunge.' Aoi.

CXXXIV

Li quens Rollant par peine e par ahans,
Par grant dulor sunet sun olifan.
Parmi la buche en salt fors li cler sancs,
De sun cervel le temple en est rumpant.
1765 Del corn qu'il tient l'oïe en est mult grant:
Karles l'entent ki est as porz passant,
Naimes li duc l'oïd si l'escultent li Franc.
Ce dist li reis: 'Jo oi le corn Rollant!   *32b*
Unc ne·l sunast, se ne fust cumbatant.'
1770 Guenes respunt: 'De bataille est nïent.
Ja estes veilz e fluriz e blancs,
Par tels paroles vus resemblez enfant;
Asez savez le gra(a)nt orgoill Rollant,
Ço est merveille que Deus le soefret tant:
1775 Ja prist il Noples seinz le vostre comant;
Fors s'en eissirent li Sarrazins dedenz,
Si·s cumbatirent al bon vassal Rollant,
Puis od les ewes lavat les prez del sanc;
Pur cel le fist, ne fust a[pa]rissant.
1780 Pur un sul levre vat tute jur cornant,
Devant ses pers vait il ore gabant.

Suz cel n'ad gent ki [l]'osast querre en champ.
Car chevalcez; pur qu' alez arestant?
Tere major mult est loinz ça devant.' Aoi.

CXXXV

1785 Li quens Rollant ad la buche sanglente,
De sun cervel rumput en est li temples,
L'olifan sunet a dulor e a peine.
Karles l'oït e ses Franceis l'entendent;
Ço dist li reis: 'Cel corn ad lunge aleine.'
1790 Respont dux Neimes: 'Baron i fait la peine.
Bataille i ad par le men escïentre;
Cil l'at traït ki vos en roevet feindre.
Adubez vos, si criez vostre enseigne,
Si sucurez vostre maisnee gente!
1795 Asez oëz que Rollanz se dementet.'

CXXXVI

Li empereres ad fait suner ses corns.   33ª
Franceis descendent, si adubent lor cors
D'osbercs e de helmes e d'espees a or.
Escuz unt genz e espiez granz e forz
1800 E gunfanuns blancs e vermeilz e blois;
Es destrers muntent tuit li barun de l'ost,
Brochent ad ait tant cum durent li port.
N'i ad celoi (ad celoi) a l'altre ne parolt:
'Se veïssum Rollant, einz qu'il fust mort,
1805 Ensembl'od lui i durriums granz colps.'
De ço qui calt? Car demurét i unt trop.

CXXXVII

Eslargiz est li vespres e li jurz.
Cuntre le soleil reluisent cil adub,
Osbercs e helmes i getent grant fla[m]bur
1810 E cil escuz ki ben sunt peinz a flurs
Et cil espiez(z), cil orét gunfanun
Li empereres cevalchet par irur
E li Franceis dolenz et curuçus.
N'i ad celoi ki durement ne plurt,

1815　E de Rollant sunt en grant poür.
　　　Li reis fait prendre le cunte Guenelun,
　　　Si·l cumandat as cous de sa maisun,
　　　Tut li plus maistre en apelet, Besgun:
　　　'Ben le me guarde si cume tel felon!
1820　De ma maisnee ad faite traïsun.'
　　　Cil le receit, s'i met ·c· cumpaignons
　　　De la quisine des mielz e des pejurs.
　　　Icil li peilent la barbe e les gernuns,
　　　Cascun le fiert ·iiii· colps de sun puign,　　*33b*
1825　Ben le batirent a fuz e a bastuns,
　　　E si li metent el col un caeignun,
　　　Si l'encaeinent altresi cum un urs;
　　　Sur un sumer l'unt mis a deshonor,
　　　Tant le guardent que·l rendent a Charlun.

CXXXVIII

1830　Halt sunt li pui e tenebrus e grant, Aoi.
　　　Li val parfunt e les ewes curant.
　　　Sunent cil graisle e derere e devant
　　　E tuit rachatent encuntre l'olifant.
　　　Li empereres chevalchet ireement
1835　E li Franceis curuçus e dolent;
　　　N'i ad celoi n'i plurt e se dement,
　　　E prient Deu qu'il guarisset Rollant
　　　Josque il vengent el camp cumunement;
　　　Ensembl'od lui i ferrunt veirement.
1840　De ço qui calt? Car ne lur valt nïent,
　　　Demurent trop, n'i poedent estre a tens. Aoi.

CXXXIX

　　　Par grant irur chevalchet li reis Charles,
　　　Desur sa brunie li gist sa blanche barbe.
　　　Puignent ad ait tuit li barun de France;
1845　N'i ad icel ne demeint irance
　　　Que il ne sunt a Rollant le cataigne,
　　　Ki se cumbat as Sarrazins d'Espaigne;
　　　Si est blecét, ne quit que anme i remaigne.
　　　Deus, quels seisante humes i ad en sa cumpaigne!
1850　Unches meillurs nen out reis ne ca[ta]ignes. Aoi.

CXL

Rollant reguardet es munz e es lariz.
De cels de France i veit tanz morz gesir,
E il les pluret cum chevaler gentill:
'Seignors barons, de vos ait Deus mercit,
1855 Tutes voz anmes otreit il pareïs,
En seintes flurs il les facet gesir!
Meillors vassals de vos unkes ne vi.
Si lungement tuz tens m'avez servit,
A oes Carlon si granz païs cunquis!
1860 Li empereres tant mare vos nurrit!
Tere de France, mult estes dulz païs,
Oi desertét a tant ruboste exill!
Barons franceis, pur mei vos vei murir,
Jo ne vos pois tenser ne guarantir.
1865 Aït vos Deus ki unkes ne mentit!
Oliver frere, vos ne dei jo faillir,
De doel murra[i], se altre ne m'i ocit.
Sire cumpainz, alum i referir.'

CXLI

Li quens Rollant el champ est repairét,
1870 Tient Durendal, cume vassal i fiert,
Faldrun de Pui i ad par mi trenchét
E ·xxiiii· de tuz les melz preisez;
Jamais n'iert home, plus se voeillet venger.
Si cum li cerfs s'en vait devant les chiens,
1875 Devant Rollant si s'en fuient paiens.
Dist l'arcevesque: 'Asez le faites ben.
Itel valor deit aveir chevaler
Ki armes portet e en bon cheval set;
En bataille deit estre forz e fiers,
1880 U altrement ne valt ·iiii· deners,
Einz deit monie estre en un de cez mustiers,
Si prierat tuz jurz por noz peccez.'
Respunt Rollant: 'Ferez, ne·s esparignez.'
A icest mot l'unt Francs recumencét,
1885 Mult grant damage i out de chrestïens.

CXLII

Home ki ço set que ja n'avrat prisun
En tel bataill[e] fait grant defension;
Pur ço sunt Francs si fiers cume leüns.
As vus Marsilie en guise de barunt!
1890   Siet el cheval qu'il apelet Gaignun,
Brochet le ben, si vait ferir Bevon,
Icil ert sire de Belne e de Digun;
L'escut li freint e l'osberc li derumpt,
Que mort l'abat seinz altre descunfisun.
1895   Puis ad ocis Yvoeries e Ivon,
Ensembl'od els Gerard de Russillun.
Li quens Rollant ne li est guaires loign,
Dist al paien: 'Damnesdeus mal te duinst!
A si grant tort m'ociz mes cumpaignuns,
1900   Colp en avras einz que nos departum,
E de m'espee enquoi savras le nom.'
Vait le ferir en guise de baron,
Trenchét li ad li quens le destre poign,
Puis prent la teste de Jurfalen le blund —
1905   Icil ert filz al rei Marsiliun —
Paien escrient: 'Aïe nos, Mahum!
Li nostre Deu, vengez nos de Carlun!
En ceste tere nus ad mis tels feluns,
Ja pur murir le camp ne guerpirunt.'
1910   Dist l'un a l'altre: 'E car nos en fuiums!'
A icest mot tels ·c· milie s'en vunt;
Ki que·s rapelt, ja n'en returnerunt. Aoi.

35a

CXLIII

De ço qui calt? Se fuit s'en est Marsilies,
Remés i est sis uncles Marganices,
1915   Ki tint Kartagene, Alfrere, Garmalie
E Ethiope, une tere maldite,
La neire gent en ad en sa baillie;
Granz unt les nes e lees les oreilles
E sunt ensemble plus de cinquante milie.
1920   Icil chevalchent fierement e a ire,
Puis escrient l'enseigne paenime.

Ço dist Rollant: 'Ci recevrums matyrie,
E or sai ben n'avons guaires a vivre.
Mais tut seit fel cher ne se vende primes.
1925 Ferez, seignurs, des espees furbies,
Si calengez e voz mors e voz vies,
Que dulce France par nus ne seit hunie!
Quant en cest camp vendrat Carles mi sire,
De Sarrazins verrat tel discipline,
1930 Cuntre un des noz en truverat morz ·xv·,
Ne lesserat que nos ne beneïsse.' AOI.

CXLIV

Quan Rollant veit la contredite gent
Ki plus sunt neirs que nen est arrement,
Ne n'unt de blanc ne mais que sul les denz
1935 Ço dist li quens: 'Or sai jo veirement   *35b*
Que hoi murrum par le mien escïent;
Ferez, Franceis, car jo·l vos recumenz.'
Dist Oliver: 'Dehét ait li plus lenz!'
A icest mot Franceis se fierent enz.

CXLV

1940 Quant paien virent que Franceis i out poi,
Entr'els en unt e orgoil e cunfort;
Dist l'un a l'altre: 'L'empereor ad tort.'
Li Marganices sist sur un ceval sor,
Brochet le ben des esperuns a or,
1945 Fiert Oliver derere enmi le dos.
Le blanc osberc li ad descust el cors,
Parmi le piz sun espiét li mist fors,
E dit aprés: 'Un col[p] avez pris fort.
Carles li magnes mar vos laissat as porz,
1950 Tort nos ad fait, nen est dreiz qu'il s'en lot;
Kar de vos sul ai ben vengét les noz.'

CXLVI

Oliver sent que a mort est ferut,
Tient Halteclere dunt li acer fut bruns.
Fiert Marganices sur l'elme a or agut,

1955 E flurs e pierres en acraventet jus,
Trenchet la teste d'ici qu'as denz menuz,
Brandist sun colp, si l'ad mort abatut.
E dist aprés: 'Paien, mal aies tu!
Iço ne di que Karles n'i ait perdut;
1960 Ne a muiler ne a dame qu'aies veüd
N'en vanteras el regne dunt tu fus,
Vaillant a un dener que m'i aies tolut,
Ne fait damage ne de mei ne d'altrui.'
Aprés escriet Rollant qu'il li aiut. Aoɪ.

36a

CXLVII

1965 Oliver sent qu'il est a mort nasfrét,
De lui venger ja mais ne li ert sez,
En la grant presse or i fiert cume ber,
Trenchet cez hanstes e cez escuz buclers
E piez e poinz e seles e costez.
1970 Ki lui veïst Sarrazins desmembrer,
Un mort sur altre [a la tere] geter,
De bon vassal li poüst remembrer.
L'enseigne Carle n'i volt mie ublïer,
Munjoie escriet e haltement e cler,
1975 Rollant apelet, sun ami e sun per:
'Sire cumpaign, a mei car vus justez!
A grant dulor ermes hoi desevrez.' Aoɪ.

CXLVIII

Rollant reguardet Oliver al visage;
Teint fut e pers, desculurét e pale,
1980 Li sancs tuz clers parmi le cors li raiet,
Encuntre tere en cheent les esclaces.
'Deus,' dist li quens, 'or ne sai jo que face.
Sire cumpainz, mar fut vostre barnage,
Jamais n'iert hume ki tun cors cuntrevaillet.
1985 E! France dulce, cun hoi remendras guaste
De bons vassals, cunfundue e chaiete!
Li emperere en avrat grant damage.'
A icest mot sur sun cheval se pasmet. Aoɪ.

CXLIX

As vus Rollant sur sun cheval pasmét
1990 E Oliver ki est a mort naffrét.
Tant ad seinét, li oil li sunt trublét;
Ne loinz ne pres ne poet vedeir si cler *36b*
Que rec[on]oistre poisset nuls hom mortel.
Sun cumpaignun, cum il l'at encuntrét,
1995 Si·l fiert amunt sur l'elme a or gemét,
Tut li detrenchet d'ici qu'al nasel,
Mais en la teste ne l'ad mie adesét.
A icel colp l'ad Rollant reguardét,
Si li demandet dulcement e suef:
2000 'Sire cumpain, faites le vos de gred?
Ja est ço Rollant ki tant vos soelt amer,
Par nule guise ne m'aviez desfiét.'
Dist Oliver: 'Or vos oi jo parler,
Jo ne vos vei; veied vus Damnedeu!
2005 Ferut vos ai? car le me pardunez!'
Rollant respunt: 'Jo n'ai nïent de mel.
Jo·l vos parduins ici e devant Deu.'
A icel mot l'un a l'altre ad clinét.
Par tel amur as les vos desevrét!

CL

2010 Oliver sent que la mort mult l'angoisset.
Ansdous les oilz en la teste li turnent,
L'oïe pert e la veüe tute.
Descent a piet, a l[a] tere se culchet,
Durement en halt si recleimet sa culpe,
2015 Cuntre le ciel ambesdous ses mains juintes,
Si priet Deu que pareïs li dunget
E beneïst Karlun e France dulce,
Sun cumpaignun Rollant sur tuz humes.
Falt li le coer, le helme li embrunchet,
2020 Trestut le cors a la tere li justet; *37a*
Morz est li quens que plus ne se demuret.
Rollant li ber le pluret si·l duluset.
Jamais en tere n'orrez plus dolent hume.

CLI

 Or veit Rollant que mort est sun ami,
2025 Gesir adenz, a la tere sun vis,
 Mult dulcement a regreter le prist:
 'Sire cumpaign, tant mar fustes hardiz:
 Ensemble avum estét e anz e dis.
 Ne·m fesis mal, ne jo ne·l te forsfis.
2030 Quant tu es mor[z], dulur est que jo vif.'
 A icest mot se pasmet li marchis
 Sur sun ceval que cleimet Veillantif,
 Afermét est a ses estreus d'or fin;
 Quel part qu'il alt, ne poet mie chaïr.

CLII

2035 Ainz que Rollant se seit aperceüt,
 De pasmeisuns guariz ne revenuz,
 Mult grant damage li est apareüt:
 Morz sunt Franceis, tuz les i ad perdut,
 Senz l'arcevesque e senz Gualter del Hum.
2040 Repairez est des muntaignes jus,
 A cels d'Espaigne mult s'i est cumbatuz.
 Mort sunt si hume, si·s unt paiens vencut;
 Voeillet o nun, desuz cez vals s'en fuit,
 Si reclaimet Rollant qu'il li aiut:
2045 'E! gentilz quens, vaillanz hom, u ies tu?
 Unkes nen oi poür la u tu fus.
 Ço est Gualter ki cunquist Maëlgut,
 Li nies Droün, al vieill e al canut;   *37b*
 Pur vasselage suleie estre tun drut.
2050 Ma hanste est fraite e percét mun escut.
 E mis osbercs desmailét e rumput;
 Parmi le cors ot lances sui ferut,
 Sempres murrai, mais cher me sui vendut.'
 A icel mot l'at Rollant entendut,
2055 Le cheval brochet, si vient poignant vers lui. AOI

 . . . .
 . . . .

CLIII

Rollant ad doel, si fut maltalentifs,
En la grant presse cumencet a ferir,
De cels d'Espaigne en ad get[ét] mort ·xx·,
E Gualter ·vi· e l'arcevesque ·v·.
2060 Dient paien: 'Feluns humes ad ci.
Guardez, seignurs, qu'il n'en algent vif!
Tut par seit fel ki ne·s vait envaïr
E recreant ki les lerrat guar[ir]!'
Dunc recumencent e le hu e le cri,
2065 De tutes parz le revunt envaïr. Aoi.

CLIV

Li quens Rollant fut noble guerr[ei]er,
Gualter de Hums est bien bon chevaler,
Li arcevesque prozdom e essaiét;
Li uns ne volt l'altre nïent laisser.
2070 En la grant presse i fierent as paiens.
Mil Sarrazins i descendent a piet
E a cheval sunt ·xl· millers.
Men escïentre ne·s osent aproismer;
Il lor lancent e lances e espiez
2075 (E) Wigres e darz . . .
2075a E museras e agiez e gieser.
As premers colps i unt ocis Gualter,   *38a*
Turpins de Reins tut sun escut percét,
Quassét sun elme, si l'unt nasfrét el chef
E sun osberc rumput e desmailét,
2080 Parmi le cors nasfrét de ·iiii· espiez;
Dedesuz lui ocient sun destrer.
Or est grant doel, quant l'arcevesque chiet. Aoi.

CLV

Turpins de Reins, quant se sent abatut,
De ·iiii· espiez parmi le cors ferut,
2085 Isnelement li ber resailit sus,
Rollant reguardet, puis si li est curut.
E dist un mot: 'Ne sui mie vencut.
Ja bon vassal nen ert vif recreüt.'

Il trait Almace, s'espee de acer brun,
2090 En la grant presse mil colps i fiert et plus,
Puis le dist Carles qu'il n'en esparignat nul;
Tels ·iiii· cenz i troevet entur lui,
Alquanz nafrez, alquanz parmi ferut,
Si out d'icels ki les chefs unt perdut.
2095 Ço dit la geste e cil ki el camp fut—
Li ber Gilie, por qui Deus fait vertuz—
E fist la chartre el muster de Loüm.
Ki tant ne set ne l'ad prod entendut.

CLVI

Li quens Rollant genteme[n]t se cumbat;
2100 Mais le cors ad tressuét e mult chalt,
En la teste ad e dulor e grant mal,
Rumput est li temples por ço que il cornat.
Mais saveir volt se Charles i vendrat;   *38b*
Trait l'olifan, fieblement le sunat.
2105 Li emperere s'estut si l'escultat;
'Seignurs,' dist il, 'mult malement nos vait!
Rollant, mis nies, hoi cest jur nus defalt.
Jo oi al corner que guaires ne vivrat;
Ki estre i voelt, isnelement chevalzt!
2110 Sunez voz gra[i]sles tant que en cest' ost ad!'
Seisante milie en i cornent si halt,
Sunent li munt e respondent li val.
Paien l'entendent, ne·l tindrent mie en gab;
Dit l'un a l'altre: 'Karlun avrum nus ja.'

CLVII

2115 Dient paien: 'L'emperere repairet, AOI.
De cels de France oëz suner les graisles.
Se Carles vient, de nus i avrat perte;
Se Rollant vit, nostre guerre novelet.
Perdud avuns Espaigne, nostre tere.'
2120 Tels ·iiii· cenz s'en asemble[nt] a helmes,
E des meillors ki el camp quient estre;
A Rollant rendent un estur fort e pesme.
Or ad li quens endreit sei asez que faire. AOI.

CLVIII

Li quens Rollant, quant il les veit venir,
2125 Tant se fait fort e fiers e maneviz,
Ne lur lerat tant cum il serat vif.
Siet el cheval qu'om cleimet Veillantif,
Brochet le bien des esperuns d'or fin,
En la grant presse les vait tuz envaïr,
2130 Ensem[b]l'od lui arcevesques Turpin.
Dist l'un a l'altre: 'Ça vus traiez, ami!
De cels de France les corns avuns oït,
Carles repairet, li reis poësteïfs.'

39a

CLIX

Li quens Rollant unkes n'amat cuard,
2135 Ne orguillos ne malvais hume de male part,
Ne chevaler, se il ne fust bon vassal;
Li arcevesques Turpin en apelat:
'Sire, a pied estes e jo sui a ceval,
Pur vostre amur ici prendrai estal;
2140 Ensemble avruns e le ben e le mal.
Ne vos lerrai pur nul hume de car;
Encui rendruns a paiens cest asalt.
Les colps des mielz, cels sunt de Durendal.'
Dist l'arcevesque: 'Fel seit ki ben n'i ferrat.
2145 Carles repairet, ki ben vus vengerat.'

CLX

Paien dient: 'Si mare fumes nez!
Cum pes[mes] jurz nus est hoi ajurnez!
Perdut avum noz seignors e noz pers;
Carles repeiret od sa grant ost, li ber.
2150 De cels de France odum les graisles clers,
Grant est la noise de Munjoie escrïer.
Li quens Rollant est de tant grant fiertét,
Ja n'ert vencut pur nul hume carnel.
Lançuns a lui, puis si·l laissums ester!'
2155 E il si firent darz e wigres asez,
Espiez e lances e museraz enpennez.
L'escut Rollant unt frait et estroét

E sun osberc rumput e desmailét;
Mais enz el cors ne l'ad mie adesét. *39b*
2160 Mais Veillantif unt en ·xxx· lius nafrét,
Desuz le cunte si l'i unt mort laissét.
Paien s'en fuient, puis si·l laisent ester;
Li quens Rollant i est remés a pied. AOI.

CLXI

Paien s'en fuient, curuçus e irez,
2165 Envers Espaigne tendent de l'espleiter.
Li quens Rollant ne·s ad dunt encalcer,
Perdut i ad Veillantif, sun destrer.
Voellet o nun, remés i est a piet;
A l'arcevesque Turpin alat aider.
2170 Sun elme ad or li deslaçat del chef;
Si li tolit le blanc osberc leger
E sun blialt li ad tut detrenchét;
En ses granz plaies les pans li ad butét,
Cuntre sun piz puis si l'ad enbracét,
2175 Sur l'erbe verte puis l'at suef culchét;
Mult dulcement l'i ad Rollant preiét:
'E! gentilz hom, car me dunez cungét!
Noz cumpaignuns que oümes tanz chers,
Or sunt il morz: ne·s i devuns laiser.
2180 Jo·es voell aler querre e entercer,
Dedevant vos juster e enrenger.'
Dist l'arcevesque: 'Alez e repairez!
Cist camp est vostre, mercit Deu, e mien.'

CLXII

Rollant s'en turnet, par le camp vait tut suls.
2185 Cercet les vals e si cercet les munz,
Iloec truvat Gerin e Gerer, sun cumpaignun,
E si truvat Berenger e Atuin,
Iloec truvat Anseïs e Sansun, *40a*
Truvat Gerard le veill de Russillun,
2190 Par uns e uns les ad pris le barun.
A l'arcevesque en est venuz a tut,
Si·s mist en reng de devant ses genuilz.
Li arcevesque ne poet müer n'en plurt,

Lievet sa main, fait sa b[en]eïçun,
2195 Aprés ad dit: 'Mare fustes, seignurs.
Tutes voz anmes ait Deus li glorïus,
En pareïs les metet en sentes flurs!
La meie mort me rent si anguissus,
Ja ne verrai le riche empereür.'

CLXIII

2200 Rollant s'en turnet, le camp vait recercer,
Sun cumpaignun ad truvét, Oliver.
Encuntre sun piz estreit l'ad enbracét,
Si cum il poet, a l'arcevesques en vent,
Sur un escut l'ad as altres culchét,
2205 E l'arcevesque les ad asols e seignét.
Idunc agreget le doel e la pitét.
Ço dit Rollant: 'Bels cumpainz Oliver,
Vos fustes filz al duc Reiner,
Ki tint la marche del Val de Runers.
2210 Pur hanste freindre e pur escuz peceier,
Pur orgoillos veintre e esmaier,
E pur prozdomes tenir e cunseiller,
E pur glutun veintre e esmaier,
En nule tere n'ad meillor chevaler.

CLXIV

2215 Li quens Rollant, quant il veit mort ses pers   *40b*
E Oliver qu'il tant poeit amer,
Tendrur en out, cumencet a plurer,
En sun visage fut mult desculurez;
Si grant doel out que mais ne pout ester;
2220 Voeillet o nun, a tere chet pasmét.
Dist l'arcevesque: 'Tant mare fustes, ber!'

CLXV

Li arcevesques, quant vit pasmer Rollant,
Dunc out tel doel, unkes mais n'out si grant;
Tendit sa main, si ad pris l'olifan.
2225 En Rencesvals ad un' ewe curant,
Aler i volt, si·n durrat a Rollant.
Sun petit pas s'en turnet cancelant,

Il est si fieble qu'il ne poet en avant,
Nen ad vertut, trop ad perdut del sanc.
2230 Einz que om alast un sul arpent de camp,
Falt li le coer, si est chaeit avant,
La sue mort li vait mult angoissant.

CLXVI

Li quens Rollant revient de pasmeisuns,
Sur piez se drecet, mais il ad grant dulur,
2235 Guardet aval e si guardet amunt;
Sur l'erbe verte ultre ses cumpaignuns
La veit gesir le nobilie barun,
Ço est l'arcevesque, que Deus mist en sun num;
Cleimet sa culpe, si reguardet amunt,
2240 Cuntre le ciel amsdous ses mains ad juinz,
Si priet Deu que pareïs li duinst.
Morz est Turpin, le guerreier Charlun.
Par granz batailles e par mult bels sermons   *41a*
Cuntre paiens fut tuz tens campïuns.
2245 Deus li otreit seinte beneïçun! Aoi.

CLXVII

Li quens Rollant veit l'ar[ce]vesque a tere,
Defors sun cors veit gesir la büele,
Desuz le frunt li buillit la cervele,
Desur sun piz entre les dous furceles
2250 Cruisiedes ad ses blanches [mains] les beles.
Forment le pleignet a la lei de sa tere:
'E! gentilz hom, chevaler de bon aire,
Hoi te cumant al glorïus celeste.
Jamais n'ert hume, plus volenters le serve,
2255 Des les apostles ne fut hom tel prophete
Pur lei tenir e pur humes atraire.
Ja la vostre anme nen ait sufraite,
De pareïs li seit la porte uverte!'

CLXVIII

Ço sent Rollant que la mort li est pres,
2260 Par les oreilles fors s'e[n] ist le cervel.
De ses pers priet Deu que·s apelt,

E pois de lui a l'angle Gabriël;
Prist l'olifan que reproce n'en ait,
E Durendal s'espee en l'altre main,
2265 Plus qu'arcbaleste ne poet traire un quarrel,
Devers Espaigne en vait en un guarét,
Muntet sur un tertre desuz un arbre bel,
Quatre perruns i ad de marbre faiz,
Sur l'erbe verte si est caeit envers,
2270 La s'est pasmét, kar la mort li est pres.

CLXIX

Halt sunt li pui e mult halt les arbres   *41b*
Quatre perruns i ad luisant de marbre;
Sur l'erbe verte li quens Rollant se pasmet.
Uns Sarrazins tute veie l'esguardet,
2275 Si se feinst mort, si gist entre les altres,
Del sanc luat sun cors e sun visage.
Met sei en piez e de curre s[e h]astet.
Bels fut e forz e de grant vasselage,
Par sun orgoill cumencet mortel rage:
2280 Rollant saisit e sun cors e ses armes
E dist un mot: 'Vencut est li nies Carles.
Iceste espee porterai en Arabe.'
En cel tirer(es) li quens s'aperçut alques.

CLXX

Ço sent Rollant que s'espee li tolt.
2285 Uvrit les oilz, si li ad dit un mot:
'Men escïentre tu n'ies mie des noz.'
Tient l'olifan que unkes perdre ne volt,
Si·l fiert en l'elme ki gemmét fut a or.
Fruisset l'acer e la téste e les os,
2290 Amsdous les oilz del chef li ad mis fors,
Jus a ses piez si l'ad tresturnét mort.
Aprés li dit: 'Culvert paien, cum fus unkes si os
Que me saisis, ne a dreit ne a tort?
Ne l'orrat hume ne t'en tienget por fol.
2295 Fenduz en est mis olifans el gros,
Caiuz en est li cristals e li ors.'

CLXXI

Ço sent Rollant la veüe ad perdue,
Met sei sur piez, quanqu'il poet s'esvertuet;
En sun visage sa culur ad perdue.   *42a*
2300 Dedevant lui ad une perre byse;
·x· colps i fiert par doel e par rancune.
Cruist li acers, ne freint ne [n'e]sgruignet.
'E!', dist li quens, 'seinte Marie, aiue!
E! Durendal bone, si mare fustes!
2305 Quant jo mei perd, de vos nen ai mais cure.
Tantes batailles en camp en ai vencues
E tantes teres larges escumbatues
Que Carles tient ki la barbe ad canue!
Ne vos ait hume ki pur altre fuiet!
2310 Mult bon vassal vos ad lung tens tenue.
Jamais n'ert tel en France l'asolue.'

CLXXII

Rollant ferit e·l perrun de sardonie,
Cruist li acers, ne briset ne n'esgrunie.
Quant il ço vit que n'en pout mie freindre,
2315 A sei meïsme la cumencet a pleindre:
'E! Durendal, cum es bele e clere e blanche!
Cuntre soleill si luises e reflambes!
Carles esteit es vals de Moriane,
Quant Deus del cel li mandat par sun a[n]gle
2320 Qu'il te dunast a un cunte cataignie;
Dunc la me ceinst li gentilz reis, li magnes.
Jo l'en cunquis e Anjou e Bretaigne,
Si l'en cunquis e Peitou e le Maine,
Jo l'en cunquis Normendie la franche,
2325 Si l'en cunquis Provence e Equitaigne
E Lumbardie e trestute Romaine,
Jo l'en cunquis Baiver' e tute Flandres   *42b*
E Burguigne e trestute Puillanie,
Costentinnoble, dunt il out la fiance,
2330 E en Saisonie fait il ço qu'il demandet,
Jo l'en cunquis e Escoce e Irlande
E Engletere, que il teneit sa cambre;

Cunquis l'en ai païs e teres tantes,
Que Carles tient ki ad la barbe blanche.
2335 Pur ceste espee ai dulor e pesance;
Mielz voeill murir qu'entre paiens remaigne.
Deus pere, n'en laiser hunir France!

CLXXIII

Rollant ferit en une perre bise,
Plus en abat que jo ne vos sai dire.
2340 L'espee cruist, ne fruisset, ne ne brise,
Cuntre ciel amunt est resortie.
Quant veit li quens que ne la freindrat mie,
Mult dulcement la pleinst a sei meïsme:
'E! Durendal, cum es bele e seintisme!
2345 En l'oriét punt asez i ad reliques:
La dent seint Perre e del sanc seint Basilie
E des chevels mun seignor seint Denise,
Del vestement i ad seinte Marie.
Il nen est dreiz que paiens te baillisent,
2350 De chrestïens devrez estre servie;
Ne vos ait hume ki facet cuardie!
Mult larges teres de vus avrai conquises,
Carles les tent ki la barbe ad flurie;
E li empereres en est ber e riches.'

CLXXIV

2355 Ço sent Rollant que la mort le tresprent,
Devers la teste sur le quer li descent.   43^a
Desuz un pin i est alét curant,
Sur l'erbe verte s'i est culchét adenz.
Desuz lui met s'espee e l'olifan;
2360 Turnat sa teste vers la paiene gent.
Pur ço l'at fait que il voelt veirement
Que Carles diet e trestute sa gent,
Li gentilz quens, qu'il fut mort cunquerant.
Cleimet sa culpe e menut e suvent,
2365 Pur ses pecchez Deu en puroffrid lo guant. Aoi.

CLXXV

Ço sent Rollant, de sun tens n'i ad plus;
Devers Espaigne est en un pui agut,
A l'une main si ad sun piz batud:
'Deus, meie culpe vers les tues vertuz!
2370   De mes pecchez, des granz e des menuz,
Que jo ai fait des l'ure que nez fui
Tresqu'a cest jur que ci sui consoüt!'
Sun destre guant en ad vers Deu tendut.
Angles del ciel i descendent a lui. AOI.

CLXXVI

2375   Li quens Rollant se jut desuz un pin,
Envers Espaigne en ad turnét sun vis;
De plusurs choses a remembrer li prist:
De tantes teres cum li bers conquist,
De dulce France, des humes de sun lign,
2380   De Carlemagne, sun seignor ki·l nurrit;
Ne poet müer n'en plurt e ne suspirt;
Mais lui meïsme ne volt mettre en ubli,
Cleimet sa culpe, si priet Deu mercit:
'Veire Patene, ki unkes ne mentis,
2385   Seint Lazaron de mort resurrexis
E Danïel des leons guaresis,
Guaris de mei l'anme de tuz perilz
Pur les pecchez que en ma vie fis!'
Sun destre guant a Deu en puroffrit,
2390   Seint Gabrïel de sa main l'ad pris.
Desur sun braz teneit le chef enclin,
Juntes ses mains est alét a sa fin.
Deus tramist sun angle Cherubin,
E[nsembl'od li] seint Michel del Peril;
2395   Ensembl'od els sent Gabrïel i vint,
L'anme del cunte portent en pareis.

CLXXVII

Morz est Rollant, Deus en ad l'anme es cels.
Li emperere en Rencesvals parvient;
Il nen i ad ne veie ne senter

2400 Ne voide tere ne alne [ne] plein pied
     Que il n'i ait o Franceis o paien.
     Carles escriet: 'U estes vos, bels nies?
     U est l'arcevesque e li quens Oliver?
     U est Gerins e sis cumpainz Gerers?
2405 U est Otes e li quens Berengers,
     Ive e Ivorie que jo aveie tant chers?
     Que est devenuz li Guascuinz Engeler,
     Sansun li dux e Anseïs li bers?
     U est Gerard de Russillun li veilz,
2410 Li ·xii· per que jo aveie laisét?'   44a
     De ço qui chelt, quant nul n'en respundiét?
     'Deus!' dist li reis, 'tant me pois esma[i]er
     Que jo ne fui al estur cumencer!'
     Tiret sa barbe cum hom ki est irét,
2415 Plurent des oilz si baron chevaler,
     Encuntre tere se pasment ·xx· millers.
     Naimes li dux en ad mult grant pitét.

CLXXVIII

     Il nen i ad chevaler ne barun
     Que de pitét mult durement ne plurt;
2420 Plurent lur filz, lur freres, lur nevolz
     E lur amis e lur lige seignurs,
     Encuntre tere se pasment li plusur.
     Naimes li dux d'iço ad fait que proz,
     Tuz premereins l'ad dit l'empereür:
2425 'Veez avant, de dous liwes de nus
     Vedeir püez les granz chemins puldrus,
     Qu'asez i ad de la gent paienur.
     Car chevalchez, vengez ceste dulor!'
     'E! Deus,' dist Carles, 'ja sunt il or si luinz.
2430 Cunsentez mei e dreiture e honur!
     De France dulce m'unt tolue la flur.'
     Li reis cumandet Gebuin e Otun,
     Tedbalt de Reins e le cunte Milun:
     'Guardez le champ e les vals e les munz,
2435 Lessez gesir les morz tut issi cun il sunt,
     Que n'i adeist ne beste ne lion,
     Ne n'i adeist esquier ne garçun!

Jo vus defend que n'i adeist nuls hom,   *44b*
Josque Deus voeilge que en cest camp revengum.'
2440 E cil respundent dulcement par amur:
'Dreiz emperere, cher sire, si ferum.'
Mil chevaler i retienent des lur. Aoi.

CLXXIX

Li empereres fait ses graisles suner,
Puis si chevalchet od sa grant ost li ber.
2445 De cels d'Espaigne unt lur les dos turnez,
Tenent l'enchalz, tuit en sunt cumunel.
Quant veit li reis le vespres decliner,
Sur l'erbe verte descent [lors] en un pred,
Culchet sei a tere, si priet Damnedeu
2450 Que li soleilz facet pur lui arester,
La nuit targer e le jur demurer.
Ais li un angle ki od lui soelt parler,
Isnelement si li ad comandét:
'Charle, chevalche! car tei ne falt clartét.
2455 La flur de France as perdut, ço set Deus·
Venger te poez de la gent criminel.'
A icel mot est l'emperere muntét. Aoi.

CLXXX

Pur Karlemagne fist Deus vertuz mult granz;
Car li soleilz est remés en estant.
2460 Paien s'en fuient, ben les [en]chalcent Franc,
El Val Tenebrus la les vunt ateignant,
Vers Sarraguce les enchalcent ferant,
A colps pleners les en vunt ociant.
Tolent lur veies e les chemins plus granz.
2465 L'ewe de Sebre, el lur est dedevant,
Mult est parfunde, merveill[us]e e curant;   *45a*
Il nen i ad barge ne drodmund ne caland.
Paiens recleiment un lur deu Tervagant,
Puis saillent enz, mais il n'i unt guarant.
2470 Li adubez en sunt li plus pesant,
Envers les funz s'en turnerent alquanz.
Li altre en vunt cuntreval flotant;

Li miez guariz en unt boüd itant,
Tuz sunt neiez par merveillus ahan.
2475 Franceis escrient: 'Mare fustes, Rollant!' Aoi.

CLXXXI

Quant Carles veit que tuit sunt mort paiens,
Alquanz ocis e li plusur neiét,
Mult grant eschec en unt si chevaler,
Li gentilz reis descendut est a piet,
2480 Culchet sei a tere si·n ad Deu graciét.
Quant il se drecet, li soleilz est culchét;
Dist l'emperere: 'Tens est del herberger,
En Rencesvals est tart del repairer,
Noz chevals sunt e las e ennuiez.
2485 Tolez lur les seles, le[s] freins qu'il unt es chefs
E par cez prez les laisez refreider!'
Respundent Franc: 'Sire, vos dites bien.' Aoi.

CLXXXII

Li emperere ad prise sa herberge,
Franceis descendent en la tere deserte,
2490 A lur chevals unt toleites les seles,
Les freins a or e[n] metent jus des testes,
Livrent lur prez, asez i ad fresche herbe;
D'altre cunreid ne lur poeent plus faire.
Ki mult est las, il se dort cuntre tere,   45ᵇ
2495 Icele noit n'unt unkes escalguaite.

CLXXXIII

Li emperere s'est culcét en un pret,
Sun grant espiét met a sun chef li ber,
Icele noit ne se volt il desarmer,
Si ad vestut sun blanc osberc saffrét,
2500 Laciét sun elme ki est a or gemmét,
Ceinte Joiuse, unches ne fut sa per,
Ki cascun jur müet ·xxx· clartez.
Asez savum de la lance parler
Dunt nostre sire fut en la cruiz nasfrét.
2505 Carles en ad la mure, mercit Deu,
En l'orét punt l'ad faite manuvrer

Pur ceste honur e pur ceste bontét
Li nums Joiuse l'espee fut dunét.
Baruns franceis ne·l deivent ublïer,
2510 Enseigne en unt de Munjoie crier.
Pur ço ne·s poet nule gent cuntrester.

CLXXXIV

Clere est la noit e la lune luisant(e).
Carles se gist, mais doel ad de Rollant
E d'Oliver li peiset mult forment,
2515 Des ·xii· pers e de la franceise gent.
En Rencesvals ad laisét morz e sang[l]enz;
Ne poet müer n'en plurt e ne·s dement,
E priet Deu qu'as anmes seit guarent.
Las est li reis, kar la peine est mult grant.
2520 Endormiz est, ne pout mais en avant;
Par tuz les prez or se dorment li Franc.
N'i ad cheval ki puisset ester en estant;
Ki herbe voelt, il la prent en gisant.
Mult ad apris ki bien conuist ahan.

CLXXXV

2525 Karles se dort cum hume traveillét.
Seint Gabrïel li ad Deus enveiét,
L'empereür li cumandet a guarder.
Li angles est tute noit a sun chef,
Par avisiun li ad anunciét
2530 D'une bataille ki encuntre lui ert,
Senefiance l'en demustrat mult gref.
Carles guardat amunt envers le ciel,
Veit les tuneires e les venz e les giels
E les orez, les merveillus tempez,
2535 E fous e flambes i est apareillez,
Isnelement sur tute sa gent chet.
Ardent cez hanstes de fraisne e de pumer
E cez escuz jesqu'as bucles d'or mier,
Fruisent cez hanstes de cez trenchanz espiez,
2540 Cruissent osbercs e cez helmes d'acer.
En grant dulor i veit ses chevalers,
Urs e leuparz les voelent puis manger,

46a

Serpenz e guivres, dragun e averser,
Grifunz i ad plus de trente millers;
2545   Nen i ad cel a Franceis ne s'agiet.
E Franceis crient: 'Carlemagne, aidez!'
Li reis en ad e dulur e pitét,
Aler i volt, mais il ad desturber.
Devers un gualt uns granz leons li vi[e]nt,   *46b*
2550   Mult par ert pesmes e orguillus e fiers,
Sun cors meïsmes i asalt e requert,
E prenent sei a braz ambesdous por loiter.
Mais ço ne set, li quels abat ne quels chiet.
Li emperere n'est mie esveillét

CLXXXVI

2555   Aprés icel li vien un' altre avisiun:
Qu'il ert en France ad Ais a un perrun,
En dous chaeines s'i teneit un brohun;
Devers Ardene veeit venir ·xxx· urs,
Cascun parolet altresi cume hum,
2560   Diseient li: 'Sire, rendez le nus!
Il nen est dreiz que il seit mais od vos;
Nostre parent devum estre a sucurs.'
De sun paleis uns veltres acurt,
Entre les altres asaillit le greignur
2565   Sur l'erbe verte ultre ses cumpaignuns.
La vit li reis si merveillus estur;
Mais ço ne set, li quels veint ne quels nun.
Li angles Deu ço ad mustrét al barun.
Carles se dort tresqu'al demain al cler jur.

CLXXXVII

2570   Li reis Marsilie s'en fuit en Sarraguce,
Suz un' olive est descendut en l'umbre,
S'espee rent e sun elme e sa bronie,
Sur la verte herbe mult laidement se culcet;
La destre main ad perdue trestute,
2575   Del sanc qu'en ist se pasmet e angoist.
Dedevant lui sa muiller Bramimunde   *47a*
Pluret e criet, mult forment se doluset;
Ensembl'od li plus de ·xx· mil[ie] humes,

Si maldient Carlun e France dulce.
2580 Ad Apolin en curent en une crute,
Tencent a lui, laidement le despersunent:
'E! malvais deus, porquei nus fais tel hunte?
Cest nostre rei porquei lessas cunfundre?
Ki mult te sert, malvais lüer l'en dunes.'
2585 Puis si li tolent ses ceptre e sa curune.
Par mains le pendent sur une culumbe,
Entre lur piez a tere le tresturnent,
A granz bastuns le batent e defruisent;
E Tervagan tolent sun escarbuncle
2590 E Mahumet enz en un fossét butent
E porc e chen le mordent e defulent.

CLXXXVIII

De pasmeisuns en est venuz Marsilies,
Fait sei porter en sa cambre voltice;
Plusurs culurs i ad peinz e escrites.
2595 E Bramimunde le pluret, la reïne;
Trait ses chevels, si se cleimet caitive,
A l'altre mot mult haltement s'escriet:
'E! Sarraguce, cum ies oi desguarnie
Del gentil rei ki t'aveit en baillie!
2600 Li nostre deu i unt fait felonie
Ki en bataille oi matin li faillirent.
Li amiralz i ferat cuardie,
S'il ne cumbat a cele gent hardie
Ki si sunt fiers, n'unt cure de lur vies.　　*47b*
2605 Li emperere od la barbe flurie
Vasselage ad e mult grant estultie;
S'il ad bataillie, il ne s'en fuirat mie.
Mult est grant doel que nen est ki l'ociet.'

CLXXXIX

Li emperere par sa grant poëstét
2610 ·vii· anz tuz plens ad en Espaigne estét
Prent i chastels e alquantes citez.
Li reis Marsilie s'en purcacet asez,
Al premer an fist ses brefs seieler,
En Babilonie Baligant ad mandét—

2615 Ço est l'amiraill le viel d'antiquitét,
Tut survesquiét e Virgilie e Omer—
En Sarraguce alt sucurre li ber,
E s'il ne·l fait, il guerpirat ses deus
E tuz ses ydeles que il soelt adorer,
2620 Si recevrat seinte chrestïentét,
A Charlemagne se vuldrat acorder.
E cil est loinz, si ad mult demurét,
Mandet sa gent de ·xl· regnez,
Ses granz drodmunz en ad fait aprester,
2625 Eschiez e barges e galies e nefs.
Suz Alixandre ad un port juste mer,
Tut sun navilie i ad fait aprester,
Ço est en mai, al premer jur d'estéd,
Tutes ses oz ad empeintes en mer.

CXC

2630 Granz sunt les oz de cele gent averse,
Siglent a fort e nagent e guvernent.
En sum cez maz e en cez haltes vernes
Asez i ad carbuncles e lanternes;   *48a*
La sus amunt pargetent tel luiserne
2635 Par la noit la mer en est plus bele;
E cum il vienent en Espaigne la tere,
Tut li païs en reluist e esclairet.
Jesqu'a Marsilie en parvunt les noveles. Aoi.

CXCI

Gent paienor ne voelent cesser unkes,
2640 Issent de mer, venent as ewes dulces,
Laisent Marbrise e si laisent Marbrose,
Par Sebre amunt tut lur naviries turnent.
Asez i ad lanternes e carbuncles,
Tute la noit mult grant clartét lur dunent.
2645 A icel jur venent a Sarraguce. Aoi.

CXCII

Clers est li jurz et li soleilz luisant.
Li amiralz est issut del calan,
Espaneliz fors le vait adestrant,

.xvii. reis aprés le vunt siwant,
2650 Cuntes e dux i ad ben, ne sai quanz.
Suz un lorer ki est enmi un camp,
Sur l'erbe verte getent un palie blanc,
U[n] faldestoed i unt mis d'olifan;
Desur s'asiét li paien Baligant,
2655 Tuit li altre sunt remés en estant.
Li sire d'els premer parlat avant:
'Oiez ore, franc chevaler vaillant!
Carles li reis, l'emperere des Francs,
Ne deit manger, si jo ne li cumant.
2660 Par tute Espaigne m'at fait guere mult grant.   *48b*
En France dulce le voeil aler querant,
Ne finerai en trestut mun vivant
Josqu'il seit mort u tut vif recreant.'
Sur sun genoill en fiert sun destre guant.

CXCIII

2665 Puis qu'il l'ad dit, mult s'en est afichét
Que ne lairat pur tut l'or desuz ciel
Que il n'alt ad Ais o Carles soelt plaider.
Si hume li lodent, si li unt cunseillét;
Puis apelat dous de ses chevalers,
2670 L'un Clarifan e l'altre Clarïen:
'Vos estes filz al rei Maltraien
Ki [mes] messages soleit faire volenters.
Jo vos cumant qu'en Sarraguce algez,
Marsiliun de meie part li nunciez:
2675 Cuntre Franceis li sui venut aider.
Se jo truis o, mult grant bataille i ert.
Si l'en dunez cest guant ad or pleiét,
El destre poign si li faites chalcer,
Si li portez cest [bast]uncel d'or mer,
2680 E a mei venget pur reconoistre sun feu!
En France irai pur Carlun guerreier;
S'en ma mercit ne se culzt a mes piez
E ne guerpisset la lei de chrestïens,
Jo li toldrai la corune del chef.'
2685 Paien respundent: 'Sire, mult dites bien.'

CXCIV

Dist Baligant: 'Car chevalchez, barun!
L'un port le guant, li alt[r]e le bastun!'
E cil respundent: 'Cher sire, si ferum.'
Tant chevalcherent que en Sarraguce sunt,   *49a*
2690 Passent ·x· portes, traversent ·iiii· punz,
Tutes les rues u li burgeis estunt.
Cum il aproisment en la citét amunt,
Vers le paleis oïrent grant fremur;
Asez i ad de cele gent paienur,
2695 Plurent e crient, demeinent grant dolor,
Pleignent lur deus Tervagan e Mahum
E Apollin dunt il mie nen unt.
Dit cascun a l'altre: 'Caitifs, que devendrum?
Sur nus est venue male confusiun,
2700 Perdut avum le rei Marsiliun;
Li quens Rollant li trenchat ier le destre poign.
Nus n'avum mie de Jurfaleu le blunt,
Trestute Espaigne iert hoi en lur bandun.'
Li dui message descendent al perrun.

CXCV

2705 Lur chevals laisent dedesuz un' olive,
Dui Sarrazin par les resnes les pristrent,
E li message par les mantels se tindrent;
Puis sunt muntez sus el paleis altisme.
Cum il entrerent en la cambre voltice,
2710 Par bel amur malvais saluz li firent:
'Cil Mahumet ki nus ad en baillie
E Tervagan e Apollin, nostre sire,
Salvent le rei e guardent la reïne.'
Dist Bramimunde: 'Or oi mult grant folie.
2715 Cist nostre deu sunt en recreantise,
En Rencesval malvaises vertuz firent,
Noz chevalers i unt lessét ocire,   *49b*
Cest mien seignur en bataille faillirent:
Le destre poign ad perdut, n'en ad mie;
2720 Si li trenchat li quens Rollant li riches.

Trestute Espaigne avrat Carles en baillie.
Que devendrai, duluruse caitive?
É! lasse, que nen ai un hume ki m'ociet!' Aoi.

CXCVI

Dist Clarïen: 'Dame, ne parlez mie itant!
2725 Messages sumes al paien Baligant;
Marsiliun, ço dit, serat guarant,
Si l'en enveiet sun bastun e sun guant.
En Sebre avum ·iiii· milie calant,
Eschiez e barges e galees curant;
2730 Drodmunz i ad, ne vos sai dire quanz.
Li amiralz est riches e puisant,
En France irat Carlemagne querant,
Rendre le quidet u mort o recreant.'
Dist Bramimunde: 'Mar en irat itant!
2735 Plus pres d'ici purrez truver les Francs.
En ceste tere ad estét ja ·vii· anz;
Li emperere est ber e cumbatant;
Meilz voel murir que ja fuiet de camp.
Suz ciel n'ad rei qu'il prist a un enfant,
2740 Carles ne creint nuls hom ke seit vivant.'

CXCVII

'Laissez ço ester!' dist Marsilies li reis.
Dist as messages: 'Seignurs, parlez a mei!
Ja veez vos que a mort sui destreit;
Jo si nen ai filz ne fille ne heir,
2745 Un en aveie, cil fut ocis her seir.
Mun seignur dites qu'il me vienge veeir!
Li amiraill ad en Espaigne dreit,
Quite li cleim, se il la voelt aveir;
Puis la defendet encuntre li Franceis!
2750 Vers Carlemagne li durrai bon conseill:
Cunquis l'avrat d'oi cest jur en un meis.
De Sarraguce les clefs li portereiz!
Pui[s] li dites il n'en irat, s'il me creit.'
Cil respundent: 'Sire, vus dites veir.' Aoi.

50a

CXCVIII

2755 Ço dist Marsilie: 'Carles l'emperere
Mort m'ad mes homes, ma tere deguastee
E mes citez fraites e violees.
Il jut anuit sur cel' ewe de Sebre;
Jo ai cunté, n'i ad mais que ·vii· liwes.
2760 L'amirail dites que sun host i amein.
Par vos li mand, bataille i seit justee.'
De Sarraguce les clefs li ad livrees.
Li messager ambedui l'enclinerent,
Prenent cungét; a cel mot s'en turnerent.

CXCIX

2765 Li dui message es chevals sunt muntét,
Isnelement issent de la cités,
A l'amiraill en vunt esfreedement,
De Sarra[gu]ce li presentent les clés.
Dist Baligant: 'Que avez vos truvét?
2770 U est Marsilie que jo aveie mandét?'
Dist Clariën: 'Il est a mort naffrét.
Li emperere fut ier as porz passer,
Si s'en vuleit en dulce France aler,   50b
Par grant honur se fist rereguarder;
2775 Li quens Rollant i fut remés, sis nies,
E Oliver e tuit li ·xii· per,
De cels de France ·xx· milie adubez.
Li reis Marsilie s'i cumbatit, li bers,
Il e Rollant el camp furent remés;
2780 De Durendal li dunat un colp tel,
Le destre poign li ad del cors sevrét,
Sun filz ad mort qu'il tant suleit amer
E li baron qu'il i out amenét.
Fuiant s'en vint, qu'il n'i pout mes ester;
2785 Li emperere l'ad enchalcét asez.
Li reis vos mandet que vos le sucurez,
Quite vus cleimet d'Espaigne le regnét.'
E Baligant cumencet a penser,
Si grant doel ad, por poi qu'il n'est desvét. Aoi.

CC

2790 'Sire amiralz,' dist Clariïens,
'En Rencesvals une bataille out ier.
Morz est Rollant e li quens Oliver,
Li ·xii· per que Carles aveit tant cher;
De lur Franceis i ad mort ·xx· millers.
2795 Li reis Marsilie le destre poign i perdi[é]t,
E l'emperere asez l'ad enchalcét,
En ceste tere n'est remés chevaler
Ne seit ocis o en Sebre neiét.
Desur la rive sunt Francés herbergiez,
2800 En cest païs nus sunt tant aproeciez,
Se vos volez, li repaires ert grefs.'

51a

E Baligant le reguart en ad fiers,
En sun curage en est joüs e liet,
Del faldestod se redrecet en piez,
2805 Puis escriet: 'Baruns, ne vos targez,
Eissez des nefs, muntez, si cevalciez!
S'or ne s'en fuit Karlemagne li veilz,
Li reis Marsilie enqui serat vengét.
Pur sun poign destre l'en liverai le chef.'

CCI

2810 Paien d'Arabe des nefs se sunt eissut,
Puis sunt muntez es chevals e es muls,
Si chevalcherent, que fereient il plus?
Li amiralz, ki trestuz les esmut,
Si·n apelet Gemalfin, un sun drut:
2815 'Jo te cumant de tute mes oz l'aün.'
Puis est munté en un sun destrer brun,
Ensembl'od lui emmeinet ·iiii· dux,
Tant chevalchat qu'en Saraguce fut.
A un perron de marbre est descenduz,
2820 E quatre cuntes l'estreu li unt tenut.
Par les degrez el paleis muntet sus,
E Bramidonie vient curant cuntre lui,
Si li ad dit: 'Dolente, si mare fui!
A itel hunte, sire, mon seignor ai perdut.'
2825 Chet li as piez, li amiralz la reçut,
Sus en la chambre ad doel en sunt venut. Aoi.

CCII

Li reis Marsilie, cum il veit Baligant,
Dunc apelat dui Sarrazin espans:
'Pernez m'as braz, si·m drecez en sedant!'   *51b*
2830 Al puign senestre ad pris un de ses guanz.
Ço dist Marsilie: 'Sire reis amiralz,
Trestute Espaigne ici es mains vos rent
E Sarraguce e l'onur qu'i apent.
Mei ai perdut e tute ma gent.'
2835 E cil respunt: 'Tant sui jo plus dolent,
Ne pois a vos tenir lung parlement;
Jo sai asez que Carles ne m'atent,
E nepurquant de vos receif le guant.'
Al doel qu'il ad s'en est turnét plurant. Aoi.

CCIII

2840 Par les degrez jus del paleis descent,
Muntet el ceval, vient a sa gent puignant;
Tant chevalchat, qu'il est premers devant,
De ures ad altres si se vait escriant:
'Venez paien, car ja s'en fuient Franc.' Aoi.

CCIV

2845 Al matin quant primes pert l'albe,
Esveillez est li e[m]perere Carles.
Sein Gabrïel, ki de part Deu le guarde,
Levet sa main, sur lui fait sun signacle.
Li reis se drecet, si ad tendut ses armes;
2850 Si se desarment par tute l'ost li altre,
Puis sunt muntét, par grant vertut chevalchent
Cez veies lunges e cez chemins mult larges,
Si vunt vedeir le merveillus damage
En Rencesvals, la o fut la bataille. Aoi.

CCV

2855 En Rencesvals en est Carles entrez;
Des morz qu'il troevet cumencet a plurer.
Dist a Franceis: 'Segnu[r]s, le pas tenez!   *52a*
Kar mei meïsme estoet avant aler
Pur mun nev[ul]d que vuldreie truver.

2860 A Eis esteie a une feste anoel,
     Si se vanterent mi vaillant chevaler
     De granz batailles, de forz esturs pleners;
     D'une raisun oï Rollant parler:
     Ja ne (ne) murreit en estrange regnét
2865 Ne trespassast ses hume[s] e ses pers;
     Vers lur païs avreit sun chef turnét,
     Cunquerrantment si finereit li bers.'
     Plus qu'en ne poet un bastuncel jeter,
     Devant les altres est en un pui muntét.

CCVI

2870 Quant l'empereres vait querre sun nevold,
     De tantes herbes el pre truvat les flors
     Ki sunt vermeilz del sanc de noz barons!
     Pitét en ad, ne poet müer n'en plurt.
     Desuz dous arbres parvenuz est Carlun,
2875 Les colps Rollant conut en treis perruns;
     Sur l'erbe verte veit gesir sun nevuld.
     Nen est merveille se Karles ad irur;
     Descent a pied, aléd i est pleins curs,
     Entre ses mains ansdous prent le barun,
2880 Sur lui se pasmet, tant par est anguissus.

CCVII

     Li empereres de pasmeisuns revint.
     Naimes li dux e li quens Acelin,
     Gefrei d'Anjou e sun frere Tierri
     Prenent le rei, si·l drecent suz un pin.
2885 Guardet a la tere, veit sun nevold gesir;   *52b*
     Tant dulcement a regreter le prist:
     'Amis Rollant, de tei ait Deus mercit!
     Unques nuls hom tel chevaler ne vit
     Por granz batailles juster e defenir.
2890 La meie honor est turnét en declin.'
     Carles se pasmet, ne s'en pout astenir. Aoi.

CCVIII

     Carles li reis se vint de pasmeisuns,
     Par mains le tienent ·iiii· de ses barons;

Guardet a tere, vei[t] gesir sun nev[u]ld.
2895 Cors ad gaillard, perdue ad sa culur,
Turnez ses oilz, mult li sunt tenebros.
Carles le pleint par feid e par amur:
'Ami Rollant, deus metet t'anme en flors
En pareïs entre les glorïus!
2900 Cum en Espaigne venis [a] mal seignur!
Jamais n'ert jurn, de tei n'aie dulur.
Cum decarrat ma force e ma baldur!
Nen avrai ja ki sustienget m'onur;
Suz ciel ne quid aveir ami un sul;
2905 Se jo ai parenz, nen i ad nul si proz.'
Trait ses crignels pleines ses mains amsdous;
Cent milie Franc en unt si grant dulur,
Nen i ad cel ki durement ne plurt. Aoi.

CCIX

'Ami Rollant, jo m'en irai en France.
2910 Cum jo serai a Loün en ma chambre,
De plusurs regnes vendrunt li hume estrange,
Demanderunt: 'U est quens cataignes?'
Jo lur dirrai qu'il est morz en Espaigne.   53a
A grant dulur tendrai puis mun reialme:
2915 Jamais n'ert jur que ne plur ne n'en pleigne.'

CCX

'Ami Rollant, prozdoem, juvente bele,
Cum jo serai a Eis em ma chapele,
Vendrunt li hume, demanderunt noveles.
Je·s lur dirrai merveilluses e pesmes:
2920 Morz est mis nies ki tant me fist cunquere.
Encuntre mei revelerunt li Seisne
E Hungre e Bugre e tante gent averse,
Romain, Puillain e tuit icil de Palerne
E cil d'Affrike e cil de Califerne;
2925 Puis entrerunt mes peines e mes suffraites.
Ki guierat mes oz a tel poëste,
Quant cil est [morz] ki tuz jurz nos cadelet?
E! [dulce] France, cum remeines deserte!

Si grant doel ai que jo ne vuldreie estre.'
2930 Sa barbe blanche cumencet a detraire,
Ad ambes mains les chevels de sa teste;
Cent milie Francs s'en pasment cuntre tere.

CCXI

'Ami Rollant, de tei ait Deus mercit,
L'anme de tei seit mise en pareïs!
2935 Ki tei ad mort France ad mis en exill.
Si grant dol ai que ne voldreie vivre.
De ma maisnee ki por mei est ocise!
Ço duinset Deus, le filz seinte Marie,
Einz que jo vienge as maistres porz de Sirie,
2940 L'anme del cors me seit oi departie,
Entre les lur alüee e mise,
E ma car fust delez els enfuïe!'   53*b*
Ploret des oilz, sa blanche bar[b]e tiret.
E dist dux Naimes: 'Or ad Carles grant ire.' Aoɪ.

CCXII

2945 'Sire emperere,' ço dist Gefrei d'Anjou,
'Ceste dolor ne demenez tant fort.
Par tut le camp faites querre les noz
Que cil d'Espaigne en la bataille unt mort,
En un carnel cumandez que hom les port.'
2950 Ço dist li reis: 'Sunez en vostre corn.' Aoɪ.

CCXIII

Gefreid d'Anjou ad sun greisle sunét.
Franceis descendent, Carles l'ad comandét;
Tuz lur amis qu'il i unt morz truvet
Ad un carner sempres les unt portét.
2955 Asez i ad evesques e abez,
Munies, canonies, proveires coronez,
Si·s unt asols e seignez de part Deu;
Mirre e timonie i firent alumer,
Gaillardement tuz les unt encensez;
2960 A grant honor pois les unt enterrez,
Si·s unt laisez; qu'en fereient il el? Aoɪ.

CCXIV

Li emperere fait Rollant costeïr
E Oliver (e) e l'arcevesque Turpin,
Devant sei les ad fait tuz uvrir
2965 E tuz les quers en paile recuillir;
Un blanc sarcou de marbre sunt enz mis.
E puis les cors des barons si unt pris,
En quirs de cerf les seignurs unt mis,
Ben sunt lavez de piment e de vin.
2970 Li reis cumandet Tedbalt e Gebuin,
Milun le cunte e Otes le marchis:
'En ·iii· carettes les guiez al chemin.'
Bien sunt cuverz d'un palie galazin. AOI.

54a

CCXV

Venir s'en volt li emperere Carles,
2975 Quant de paiens li surdent les enguardes.
De cels devant i vindrent dui messages,
Del amirail li nuncent la bataille:
'Reis orguillos, nen est fins que t'en alges.
Veiz Baligant ki aprés tei chevalchet!
2980 Granz sunt les oz qu'il ameinet d'Arabe.
Encoi verrum se tu as vasselage.' AOI.

CCXVI

Carles li reis en ad prise sa barbe,
Si li remembret del doel e [del] damage,
Mult fierement tute sa gent reguardet,
2985 Puis si s'escriet a sa voiz grand e halte:
'Barons franceis, as chevals e as armes!' AOI.

CCXVII

Li empereres tuz premereins s'adubet,
Isnelement ad vestue sa brunie,
Lacet sun helme, si ad ceinte Joiuse
2990 Ki pur soleill sa clartét nen escunset,
Pent a sun col un escut de Biterne,
Tient sun espiét, si·n fait brandir la hanste,
En Tencendur, sun bon cheval, puis muntet—

Il le cunquist es guez desuz Marsune,
2995 Si·n getat mort Malpalin de Nerbone—
Laschet la resne, mult suvent l'esperonet,
Fait sun eslais, veant cent mil humes, Aoi.   *54b*
Reclcimet Deu e l'apostle de Rome.

CCXVIII

Par tut le champ cil de France descendent,
3000 Plus de cent milie s'en adubent ensemble.
Guarnemenz unt ki ben lor atalente[n]t,
Cevals curanz e lur armes mult gentes.
Puis sunt muntez e unt grant science.
S'il troevent ou, bataille quident rendre;
3005 Cil gunfanun sur les helmes lur pendent.
Quant Carles veit si beles cuntenances,
Si·n apelat Jozeran de Provence,
Naimon li duc, Antelme de Maience:
'En tels vassals deit hom aveir fiance,
3010 Asez est fols ki entr'els se deme[n]t[e].
Si Arrabiz de venir ne se repentent,
La mort Rollant lur quid cherement rendre.'
Respunt dux Neimes: 'E Deus le nos cunsente.' Aoi.

CCXIX

Carles apelet Rabe[l] e Guineman,
3015 Ço dist li reis: 'Seignurs, jo vos cumant,
Seiez es lius Oliver e Rollant!
L'un port l'espee e l'altre l'olifant,
Si chevalcez el premer chef devant,
Ensembl'od vos ·xv· milie de Francs,
3020 De bachelers de noz meillors vaillanz!
Aprés icels en avrat altretant,
Si·s guierat Gibuins e Lorains.'
Naimes li dux e li quens Jozerans
Icez eschieles ben les vunt ajustant.
3025 S'il troevent ou, bataille i ert mult grant. Aoi.   *55a*

CCXX

De Franceis sunt les premeres escheles.
Aprés les dous establisent la terce;

En cele sunt li vassal de Baivere,
A ·xx· [milie] chevalers la preiserent.
3030 Ja devers els bataille n'ert lessee,
Suz cel n'ad gent que Carles ait plus chere
Fors cels de France ki les regnes cunquerent.
Li quens Oger li Daneis, li puinneres,
Les guierat, kar la cumpaigne est fiere. AOI.

CCXXI

3035 Treis escheles ad l'emperere Carles,
Naimes li dux puis establist la quarte
De tels barons qu'asez unt vasselage:
Alemans sunt e si sunt d'Alemaigne.
Vint milie sunt, ço dient tuit li altre;
3040 Ben sunt guarniz e de chevals e d'armes.
Ja por murir ne guerpirunt bataille,
Si·s guierat Hermans li dux de Trace;
Einz i murat que cuardise i facet. AOI.

CCXXII

Naimes li dux e li quens Jozerans
3045 La quinte eschele unt faite de Normans:
·xx· milie sunt, ço dient tuit li Franc;
Armes unt beles e bons cevals curanz,
Ja pur murir cil n'erent recreanz;
Suz ciel n'ad gent ki plus poissent en camp;
3050 Richard li velz les guierat el camp,
Cil i ferrat de sun espiét trenchant. AOI.

CCXXIII

La siste eschele unt faite de Bretuns:
·xxx· milie chevalers od els unt.   55*b*
Icil chevalchent en guise de baron,
3055 Peintes lur hanstes, fermez lur gunfanun;
Le seignur d'els est apelét Oedun.
Icil cumandet le cunte Nevelun,
Tedbald de Reins e le marchis Otun:
'Guiez ma gent; jo vos en faz le dun.' AOI.

CCXXIV

3060 Li emperere ad ·vi· escheles faites,
Naimes li dux puis establist la sedme
De Peitevins e des barons d'Alverne:
·xl· milie chevalers poeent estre.
Chevals unt bons e les armes mult beles.
3065 Cil sunt par els en un val suz un tertre,
Si·s beneïst Carles de sa main destre;
Els guierat Jozerans e Godselmes. Aoi.

CCXXV

E l'oidme eschele ad Naimes establie,
De Flamengs est [e] des barons de Frise:
3070 Chevalers unt plus de ·xl· milie.
Ja devers els n'ert bataille guerpie.
Ço dist li reis: 'Cist ferunt mun servise.
Entre Rembalt e Hamon de Galice
Les guierunt tut par chevalerie.' Aoi.

CCXXVI

3075 Entre Naimon e Jozeran le cunte
La noefme eschele unt faite de prozdomes,
De Loherengs e de cels de Borgoigne:
·l· milie chevalers unt par cunte,
Helmes laciez e vestues lor bronies,
3080 Espiez unt forz e les hanstes sunt curtes.
Si Arrabiz de venir ne demurent,
Cil les ferrunt, s'il a els s'abandunent;
Si·s guierat Tierris, li dux d'Argone. Aoi.

56a

CCXXVII

La disme eschele est des baruns de France.
3085 Cent milie sunt de noz meillors cataignes,
Cors unt gaillarz e fieres cuntenances,
Les chefs fluriz e les barbes unt blanches,
Osbercs vestuz e lur brunies dubleines,
Ceintes espees franceises e d'Espaigne,
3090 Escuz unt genz de multes cunoisances;
Puis sunt muntez, la bataille demandent,
Munjoie escrient; od eis est Carlemagne.

Gefreid d'Anjou portet l'orieflambe:
Seint Piere fut, si aveit num Romaine;
3095 Mais de Munjoie iloec out pris eschange. Aoi.

CCXXVIII

Li emperere de sun cheval descent,
Sur l'erbe verte s'e[n] est culchét adenz,
Turnet su[n] vis vers le soleill levant,
Recleimet Deu mult escordusement:
3100 'Veire Paterne, hoi cest jor me defend,
Ki guaresis Jonas tut veirement
De la baleine ki en sun cors l'aveit
E esparignas le rei de Niniven
E Danïel del merveillus turment
3105 Enz en la fosse des leons o fut enz,
Les ·iii· enfanz tut en un fou ardant!
La tue amurs me seit hoi en present!
Par ta mercit, se tei plaist, me cunsent
Que mun nevold pois[se] venger, Rollant!'   566

CCXXIX

3110 Cum ad orét, si se drecet en estant,
Seignat sun chef de la vertut poisant.
Muntet li reis en sun cheval curant,
L'estreu li tindrent Neimes e Jocerans,
Prent sun escut e sun espiét trenchant.
3115 Gent ad le cors, gaillart e ben seant,
Cler le visage e de bon cuntenant,
Puis si chevalchet mult aficheement.
Sunent cil greisle e derere e devant,
Sur tuz les altres bundist li olifant.
3120 Plurent Franceis pur pitét de Rollant.

CCXXX

Mult gentement li emperere chevalchet,
Desur sa bronie fors ad mise sa barbe.
Pur sue amor altretel funt li altre,
Cent milie Francs en sunt reconoisable.
3125 Passent cez puis e cez roches plus haltes,
E cez parfunz, cez destreiz anguisables,

Issent des porz e de la tere guaste,
Devers Espaigne sunt alez en la marche,
En un emplein unt prise lur estage.
3130 A Baligant repairent ses enguardes;
Uns Sulians ki ad dit sun message!
'Veüd avum li orguillus reis Carles;
Fiers sunt si hume, n'unt talent qu'il li faillent.
Adubez vus, sempres avrez bataille!'
3135 Dist Baligant: 'Or oi grant vasselage;
Sunez voz graisles, que mi paien le sace[n]t!'

CCXXXI

Par tute l'ost funt lur taburs suner,   57*a*
E cez buisines e cez greisles mult cler.
Paien descendent pur lur cors aduber;
3140 Li amiralz ne se voelt demurer,
Vest une bronie dunt li pan sunt saffrét,
Lacet sun elme ki ad or est gemmét,
Puis ceint s'espee al senestre costét;
Par sun orgoill li ad un num truvét,
3145 Pur la Carlun dunt il oït parler

    .   .   .   .   .   .
Ço ert s'enseigne en bataille campel;
Ses cevalers en ad fait escrïer.
Pent a sun col un soen grant escut let,
3150 D'or est la bucle e de cristal listét,
La guige en est d'un bon palie roét.
Tient sun espiét, si l'apelet Maltét,
La hanste [ad] grosse cume [est] uns tinels,
De sul le fer fust uns mulez trussét.
3155 En sun destrer Baligant est muntét,
L'estreu li tint Marcules d'ultre mer;
La forceüre ad asez grant li ber,
Graisles [l]es flancs e larges les costez,
Gros ad le piz, belement est mollét,
3160 Lees les espalles e le vis ad mult cler,
Fier le visage, le chef recercelét,
Tant par ert blancs cume flur en estét,
De vasselage est suvent esprovét.
Deus, quel baron, s'oüst chrestïentét!

3165 Le cheval brochet, li sancs en ist tuz clers;
Fait sun eslais, si tressalt un fossét,   *57b*
Cinquante pez i poet hom mesurer.
Paien escrient: 'Cist deit marches tenser;
N'i ad Franceis, si a lui vient juster,
3170 Voeillet o nun, n'i perdet sun edét.
Carles est fols que ne s'en est alét.' Aoi.

CCXXXII

Li amiralz ben resemblet barun,
Blanche ad la barbe ensement cume flur
E de sa lei mult par est saives hom
3175 E en bataille est fiers e orgoillus.
Ses filz Malpramis mult est chevalerus,
Granz est e forz e trait as anceisurs.
Dist a sun pere: 'Sire, car cevalchum!
Mult me merveill se ja verrum Carlun.'
3180 Dist Baligant: 'Oïl, car mult est proz.
En plusurs gestes de lui sunt granz honurs.
Il nen at mie de Rollant sun nevold,
N'avrat vertut que·s tienget cuntre nus.' Aoi.

CCXXXIII

'Bels filz Malpramis,' ço li dist Baligant,
3185 'Li altrer fut ocis le bon vassal Rollant
E Oliver, li proz e li vaillanz,
Li ·xii· per qui Carles amat tant,
De cels de France ·xx· milie cumbatanz.
Trestuz les altres ne pris jo mie un guant.'

CCXXXIV

3190 'Li empereres repairet veirement,
Si·l m'at nunciét mes mes, li Sulians,
·x· escheles en unt faites mult granz.
Cil est mult proz ki sunet l'olifant,
D'un graisle cler racatet ses cumpaignz   *58a*
3195 E si cevalcent el premer chef devant,
Ensembl'od els ·xv· milie de Francs,
De bachelers que Carles cleimet enfanz.

Aprés icels en i ad ben altretanz.
Cil i ferrunt mult orgoillusement.'
3200 Dist Malpramis: 'Le colp vos en demant.' Aoɪ.

CCXXXV

'Filz Malpramis,' Baligant li ad dit,
'Jo vos otri quanque m'avez ci quis.
Cuntre Franceis sempres irez ferir,
Si i merrez Torleu, le rei persis,
3205 E Dapamort, un altre rei leutiz.
Le grant orgoill se ja püez matir,
Jo vos durrai un pan de mun païs
Des Cheriant entresqu'en Val Marchis.'
Cil respunt: 'Sire, vostre mercit.'
3210 Passet avant, le dun en requeillit,
Ço est de la tere ki fut al rei Flurit,
A itel ore unches puis ne la vit,
Ne il n'en fut ne vestut ne saisit.

CCXXXVI

Li amiraill chevalchet par cez oz,
3215 Sis filz le siut ki mult ad grant le cors.
Li reis Torleus e li reis Dapamort
·xxx· escheles establissent mult tost.
Chevalers unt a merveillus esforz;
En la menur ·l· milie en out.
3220 La premere est de cels de Butentrot
E l'altre aprés de Micenes as chefs gros,
Sur les eschines qu'il unt enmi les dos
Cil sunt seiét ensement cume porc. Aoɪ.

CCXXXVII

E la terce est de Nubles e de Blos
3225 E la quarte est de Bruns e d'Esclavoz
E la quinte est de Sorbres e de Sorz
E la siste est d'Ermines e de Mors
E la sedme est de cels de Jericho
E l'oitme est de Nigres e la noefme de Gros
3230 E la disme est de Balide la fort,
Ço est une gent ki unches ben ne volt. Aoɪ

CCXXXVIII

Li amiralz en juret quanqu'il poet
De Mahumet les vertuz e le cors:
'Karles de France chevalchet cume fols,
3235 Bataille i ert, se il ne s'en destolt,
Jamais n'avrat el chef corone d'or.'

CCXXXIX

Dis escheles establisent aprés.
La premere est des Canelius les laiz,
De Val Fuït sun venuz en traver[s];
3240 L'altre est de Turcs e la terce de Pers
E la quarte est de Pinceneis engrés
E la quinte est de Soltras e d'Avers
E la siste est d'Ormaleus e d'Eugiez
E la sedme est de la gent Samüel;
3245 L'oidme est de Bruise e la noefme de Clavers
E la disme est d'Occian le desert,
Ço est une gent ki Damnedeu ne sert,
De plus feluns n'orrez parler jamais,
Durs unt les quirs ensement cume fer;
3250 Pur ço n'unt soign de elme ne d'osberc;   *59a*
En la bataille sunt felun e engrés. Aoi.

CCXL

Li amiralz ·x· escheles ajusted.
La premere est des jaianz de Malpruse,
L'altre est de Hums e la terce de Hungres
3255 E la quarte est de Baldise la lunge
E la quinte est de cels de Val Penuse
E la siste est de . . . Maruse
E la sedme est de Leus e d'Astrimonies,
L'oidme est d'Argoilles e la noefme de Clarbone
3260 E la disme est des barbez de Fronde,
Ço est une gent ki Deu nen amat unkes.
Geste Francor ·xxx· escheles i numbre(n)t.
Granz sunt les oz u cez buisines sunent,
Paien chevalchent en guise de produme. Aoi.

CCXLI

3265 Li amiralz mult par est riches hoem,
Dedavant sei fait porter sun dragon
E l'estandart Tervagan e Mahum
E un' ymagene Apolin le felun;
Dis Canelius chevalchent envirun.
3270 Mult haltement escrient un sermun:
'Ki par noz deus voelt aveir guarison,
Si·s prit e servet par grant afflictïun!'
Paien i ba[i]ssent lur chefs e lur mentun,
Lor helmes clers i suzclinent enbrunc.
3275 Dient F[r]anceis: 'Sempres murrez, glutun.
De vos seit hoi male confusïun!
Li nostre Deu, guarantisez Carlun!
Ceste bataille seit vüee en sun num.' Aoi.   59b

CCXLII

Li amiralz est mult de grant saveir,
3280 A sei apelet sis filz e les dous reis:
'Seignurs barons, devant chevalchereiz,
Mes escheles tutes les guiereiz;
Mais des meillors voeill jo retenir treis,
L'un ert de Turcs e l'altre d'Ormaleis
3285 E la terce est des jaianz de Malpreis.
Cil d'Ociant ierent e[n]sembl'or mei,
Si justerunt a Charles e a Franceis.
Li emperere, s'il se cumbat od mei,
Desur le buc la teste perdre en deit;
3290 Trestut seit fiz, n'i avrat altre dreit.' Aoi.

CCXLIII

Granz sunt les oz e les escheles beles,
Entr'els nen at ne pui ne val ne tertre,
Selve ne bois: asconse n'i poet estre;
Ben s'entreveient enmi la pleine tere.
3295 Dist Baligant: 'La meie gent averse,
Car chevalchez pur la bataille quere!'
L'enseigne portet Amborres d'Oluferne.
Paien escrient, Precïuse i apelent.
Dient Franceis: 'De vos seit hoi grant pertel'

3300 Mult haltement Munjoie renuvelent.
Li emperere i fait suner ses greisles
E l'olifan ki trestu(tu)z les esclairet.
Dient paien: 'La gent Carlun est bele.
Bataille avrum e aduree e pesme.' Aoi

CCXLIV

3305 Grant est la plaigne e large la cuntree;
Luisent cil elme as perres d'or gemmees   *60a*
E cez escuz e cez bronies safrees
E cez espiez, cez enseignes fermees.
Sunent cez greisles, les voiz en sunt mult cleres,
3310 De l'olifan haltes sunt les menees.
Li amiralz en apelet sun frere,
Ço est Canabeus, li reis de Floredee,
Cil tint la tere entresqu'en Val Sevree;
Les escheles Charlun li ad mustrees:
3315 'Veez l'orgoil de France la loëe!
Mult fierement chevalchet li emperere,
Il est darere od cele gent barbee.
Desur lur bronies lur barbes unt getees
Altresi blanches cume neif sur gelee,
3320 Cil i ferrunt de lances e d'espees,
Bataille avrum e forte e aduree:
Unkes nuls hom ne vit tel ajustee.
Plus qu'om ne lancet une verge pelee
Baligant ad ses cumpaignes trespassees,
3325 Une raisun lur ad dit e mustree:
'Venez, paien, kar jo·n irai en l'estree.'
De sun espiét la hanste en ad branlee,
Envers Karlun la mure en ad turnee. Aoi.

CCXLV

Carles li magnes, cum il vit l'amiraill
3330 E le dragon, l'enseigne e l'estandart—
De cels d'Arabe si grant force i par ad,
De la contree unt porprises les parz,
Ne mes que tant cume l'empereres en ad—
Li reis de France s'en escriet mult halt: *60b*
3335 'Barons franceis, vos estes bons vassals,

Tantes batailles avez faites en camps!
Veez paien: felun sunt e cuart,
Tutes lor leis un dener ne lur valt.
S'il unt grant gent, d'iço, seignurs, qui calt?
3340 Ki or ne voelt a mei venir s'en alt!'
Des esperons puis brochet le cheval,
E Tencendor li ad fait ·iiii· salz.
Dient Franceis: 'Icist reis est vassals.
Chevalchez, bers, nul de nus ne vus falt.'

CCXLVI

3345 Clers fut il jurz e li soleilz luisanz.
Les oz sunt beles e les cumpaignes granz,
Justees sunt les escheles devant.
Li quens Rabels e li quens Guinemans
Lascent les resnes a lor cevals curanz,
3350 Brochent a eit; dunc laisent curre Francs,
Si vunt ferir de lur espiez trenchanz. Aoi.

CCXLVII

Li quens Rabels est chevaler hardiz,
Le cheval brochet des esperuns d'or fin,
Si vait ferir Torleu le rei persis,
3355 N'escut ne bronie ne pout sun colp tenir,
L'espiét a or li ad enz el cors mis,
Que mort l'abat sur un boissun petit.
Dient F[r]anceis: 'Damnesdeus nos aït!
Carles ad dreit, ne li devom faillir.' Aoi.

CCXLVIII

3360 E Guineman justet a un rei leutice,
Tute li freint la targe ki est flurie,
Aprés li ad la bronie descunfite,
Tute l'enseigne li ad enz el cors mise,
Que mort l'abat, ki qu'en plurt u ki·n riet.
3365 A icest colp cil de France s'escrient:
'Ferez, baron, ne vos targez mie!
Carles ad dreit vers la gent . . .
Deus nus ad mis al plus verai juïse.' Aoi.

61a

CCXLIX

Malpramis siet sur un cheval tut blanc,
3370 Cunduit sun cors en la presse des Francs,
De ures es altres granz colps i vait ferant,
L'un mort sur l'altre suvent vait trescevant.
Tut premereins s'escriet Baligant:
'Li mien baron, nurrit vos ai lung tens,
3375 Veez mun filz, Carlun vait querant,
A ses armes tanz barons calunjant,
Meillor vassal de lui ja ne demant.
Succurez le a voz espiez trenchant!'
A icest mot paien venent avant,
3380 Durs colps i fierent, mult est li caples granz.
La bataille est merveilluse e pesant,
Ne fut si fort enceis ne puis cel tens. Aoi.

CCL

Granz sunt les oz e les cumpaignes fieres,
Justees sunt trest[ut]es les escheles;
3385 E li paien merveillusement fierent.
Deus, tantes hanstes i ad par mi brisees,
Escuz fruisez e bronies desmaillees!
La veïsez la tere si junchee!
L'erbe del camp ki est verte e delgee
3390 .   .   .   .
Li amiralz recleimet sa maisnee: *61b*
'Ferez, baron, sur la gent chrestïene!'
La bataille est mult dure e afichee,
Unc einz ne puis ne fut si fort ajustee;
3395 Josqu'a la mort nen ert fins otriee. Aoi.

CCLI

Li amiralz la sue gent apelet:
'Ferez, paien, por el venud n'i estes!
Jo vos durrai muillers gentes e beles,
Si vos durai feus e honors e teres.'
3400 Paien respundent: 'Nus le devuns ben fere.'
A colps pleners de lor espiez i perdent,
Plus de cent milie espees i unt traites.

Ais vos le caple e dulurus e pesmes!
Bataille veit cil ki entre els volt estre. Aoi.

CCLII

3405 Li emperere recleimet ses Franceis:
'Seignors barons, jo vos aim, si vos crei.
Tantes batailles avez faites pur mei,
Regnes cunquis e desordenét reis!
Ben le conuis que gueredun vos en dei
3410 E de mun cors, de teres e d'aveir.
Vengez voz filz, voz freres e voz heirs
Qu'en Rencesvals furent morz l'altre seir!
Ja savez vos, cuntre paiens ai dreit.'
Respondent Franc: 'Sire, vos dites veir.'
3415 Itels ·xx· miliers en ad od sei;
Cumunement l'en prametent lor feiz,
Ne li faldrunt pur mort ne pur destreit,
Ne n'i ad cel sa lance n'i empleit.
De lur espees i fierent demaneis,   *62a*
3420 La bataille est de merveillus destreit. Aoi.

CCLIII

E Malpramis parmi le camp chevalchet,
De cels de France i fait mult grant damage
Naimes li dux fierement le reguardet,
Vait le ferir cum hume vertudable,
3425 De sun escut li freint la pene halte,
De sun osberc les dous pans li desaffret,
El cors li met tute l'enseigne jalne,
Que mort [l'abat] entre ·vii·c· des altres.

CCLIV

Reis Canabeus, le frere a l'amiraill,
3430 Des esporuns ben brochot sun cheval,
Trait ad l'espee, le punt est de cristal,
Si fiert Naimun en l'elme principal;
L'une meitiét l'en fruissed d'une part,
Al brant d'acer l'en trenchet ·v· des laz,
3435 Li capelers un dener ne li valt,

Trenchet la coife entresque a la char,
Jus a la tere une piece en abat.
Granz fut li colps, li dux en estonat,
Sempres caïst, se Deus ne li aidast.
3440 De sun destrer le col en enbraçat;
Se li paiens une feiz recuvrast,
Sempres fust mort li nobilies vassal.
Carles de France i vint, ki·l succurat. Aoi.

CCLV

Naimes li dux tant par est anguissables,
3445 E li paiens de ferir mult le hastet.
Carles li dist: 'Culvert, mar le baillastes.'
Vait le ferir par sun grant vasselage, 62b
L'escut li freint, cuntre le coer li quasset,
De sun osberc li desrumpt la ventaille,
3450 Que mort l'abat; la sele en remeint guaste.

CCLVI

Mult ad grant doel Carlemagnes li reis,
Quant Naimun veit nafrét devant sei,
Sur l'erbe verte le sanc tut cler caeir.
Li empereres li ad dit a cunseill:
3455 'Bel sire Naimes, kar chevalcez od mei!
Morz est li gluz ki en destreit vus teneit;
El cors li mis mun espiét une feiz.'
Respunt li dux: 'Sire, jo vos en crei;
Se jo vif alques, mult grant prod i avreiz.'
3460 Puis sunt justèz par amur e par feid,
Ensembl'od els tels ·xx· milie Franceis;
N'i ad celoi n'i fierge o n'i capleit. Aoi.

CCLVII

Li amiralz chevalchet par le camp,
Si vait ferir le cunte Guneman,
3465 Cuntre le coer li fruisset l'escut blanc,
De sun osberc li derumpit les pans,
Les dous costez li deseivret des flancs,
Que mort l'abat de sun cheval curant.
Puis ad ocis Gebuin e Lorain,

3470 Richard le veill, li sire des Normans.
Paien escrient: 'Precïuse est vaillant.
Ferez, baron, nus i avom guarant.' Aoi.

CCLVIII

Ki puis veïst li chevaler d'Arabe,
Cels d'Occiant e d'Argoillie e de Bascle!
3475 De lur espiez ben i fierent e caplent,   63a
E li Franceis n'unt talent que s'en algent;
Asez i moerent e des uns e des altres.
Entresqu'al vespre est mult fort la bataille,
Des francs barons i ad mult gran damage;
3480 Doel i avrat, enceis qu'ele departed. Aoi.

CCLIX

Mult ben i fierent Franceis e Arrabit,
Fruissent cez hanste[s] e cil espiez furbit.
Ki dunc veïst cez escuz si malmis,
Cez blancs osbercs ki dunc oïst fremir
3485 E cez espees sur cez helmes cruisir,
Cez chevalers ki dunc veïst caïr
E humes braire, contre tere murir,
De grant dulor li poüst suvenir.
Ceste bataille est mult fort a suffrir.
3490 Li amiralz recleimet Apolin,
E Tervagan e Mahumet altresi:
'Mi damnedeu, jo vos ai mult servit,
Tutes vos ymagenes ferai d'or fin.' Aoi.
. . . . . .
3495 As li devant un soen drut, Gemalfin!
Males nuveles li aportet e dit:
'Baligant sire, mal este[s] oi baillit:
Perdut avez Malpramis vostre filz
E Canabeus, vostre frere, est ocis;
3500 A dous Franceis belement en avint.
Li empereres en est l'uns, ço m'est vis.
Granz ad le cors, ben resenblet marchis,
Blanc[he] ad la barbe cume flur en avrill.'
Li amiralz en ad le helme enclin   63b
3505 E en aprés si·n enbrunket sun vis,

Si grant doel ad sempres quiad murir;
Si·n apelat Jangleu l'ultremarin.

CCLX

Dist l'amiraill: 'Jangleu, venez avant!
Vos estes proz e vostre saveir est grant;
3510 Vostre conseill ai otreiét tuz tens.
Que vos en semblet d'Arrabiz e de Francs,
Avrum nos la victorie del champ?'
E cil respunt: 'Morz estes, Baligant;
Ja vostre deu ne vos erent guarant.
3515 Carles est fiers e si hume vaillant,
Unc ne vi gent ki si fust cumbatant.
Mais reclamez les barons d'Occiant,
Turcs e Enfruns, Arabiz e Jaianz!
Ço que estre en deit, ne l'alez demurant.'

CCLXI

3520 Li amiraill ad sa barbe fors mise
Altresi blanche cume flur en espine;
Cument qu'il seit, ne s'i voelt celer mie,
Met a sa buche une clere buisine,
Sunet la cler, que si paien l'oïrent,
3525 Par tut le camp ses cumpaignes ralient;
Cil d'Ociant i braient e henissent,
Arguille si cume chen i glatissent;
Requerent Franc par si grant estultie,
El plus espés se·s rumpent e partissent.
3530 A icest colp en jetent mort ·vii· milie.

CCLXII

Li quens Oger cuardise n'out unkes;
Meillor vassal de lui ne vestit bronie.   64a
Quant de Franceis les escheles vit rumpre,
Si apelat Tierri, le duc d'Argone,
3535 Gefrei d'Anjou e Jozeran le cunte,
Mult fierement Carlun en araisunet:
'Veez paien cum ocient voz humes!
Ja Deu ne placet qu'el chef portez corone,
S'or n'i ferez pur venger vostre hunte!'

3540 N'i ad icel ki un sul mot respundet.
Brochent ad eit, lor cevals laissent cure.
Vunt les ferir la o il les encuntrent.

CCLXIII

Mult ben i fiert Carlemagnes li reis, Aoi.
Naimes li dux e Oger li Daneis,
3545 Geifreid d'Anjou ki l'enseigne teneit.
Mult par est proz danz Ogers li Daneis,
Puint le ceval, laisset curre ad espleit,
Si vait ferir celui ki le dragun teneit,
Qu'Ambure cravente en la place devant sei
3550 E le dragon e l'enseigne le rei.
Baligant veit sun gunfanun cadeir
E l'estandart Mahumet remaneir;
Li amiralz alques s'en aperceit
Que il ad tort e Carlemagnes dreit.
3555 Paien d'Arabe s'en tienent plus quei.
Li emperere recleimet ses parenz:
'Dites, baron, por Deu, si m'aidereiz.'
Respundent Francs: 'Mar le demandereiz.
Trestut seit fel ki n'i fierget a espleit.' Aoi.

CCLXIV

3560 Passet li jurz, si turnet a la vespree.
Franc e paien i fierent des espees,
Cil sunt vassal ki les oz ajusterent,
Lor enseignes n'i unt mie ublïees.
Li amira[l]z 'Precïuse' ad criee,
3565 Carles 'Munjoie', l'enseigne renumee.
L'un conuist l'altre as haltes voiz e as cleres,
Enmi le camp amdui s'entr'encuntrerent,
Si se vunt ferir, granz colps s'entredunerent
De lor espiez en lor targes roees.
3570 Fraites les unt desuz cez bucles lees,
De lor osbercs les pans en desevrerent,
Dedenz cez cors mie ne s'adeserent,
Rumpent cez cengles e cez seles verserent,
Cheent li rei, a tere se turnerent;
3575 Isnelement sur lor piez releverent,

64b

Mult vassalment unt traites les espees.
Ceste bataille nen ert mais destornee;
Seinz hume mort ne poet estre achevee. Aoi.

CCLXV

Mult est vassal Carles de France dulce;
3580 Li amiralz, il ne·l crent ne ne dutet.
Cez lor espees tutes nues i mustrent,
Sur cez escuz mult granz colps s'entredunent,
Trenchent les quirs e cez fuz ki sunt dubles.
Cheent li clou, si peceient les bucles,
3585 Puis fierent il nud a nud sur lur bronies;
Des helmes clers li fous en escarbunet.
Ceste bataille ne poet remaneir unkes,
Josque li uns sun tort i reconuisset. Aoi.   *65a*

CCLXVI

Dist l'amiraill: 'Carles, kar te purpenses,
3590 Si pren cunseill que vers mei te repentes!
Mort as mun filz par le men escïent[r]e,
A mult grant tort mun païs me calenges;
Deven mes hom, en fiet le te voeill rendre;
Ven mei servir d'ici qu'en orïente!'
3595 Carles respunt: 'Mult grant viltét me sembl[et];
Pais ne amor ne dei a paien rendre.
Receif la lei que Deus nos apresentet,
Christïentét, e pui[s] te amerai sempres;
Puis serf e crei le rei omnipotente!'
3600 Dist Baligant: 'Malvais sermun cumences!'
Puis vunt ferir des espees qu'unt ceintes. Aoi.

CCLXVII

Li amiralz est mult de grant vertut,
Fier Carlemagne sur l'elme d'acer brun,
Desur la teste li ad frait e fendut,
3605 Met li l'espee sur les chevels menuz,
Prent de la carn grant pleine palme e plus;
Iloec endreit remeint li os tut nut.
Carles cancelet, por poi qu'il n'est caüt;
Mais Deus ne volt qu'il seit mort ne vencut.

3610   Seint Gabrïel est repairét a lui,
       Si li demandet: 'Reis magnes, que fais tu?'

CCLXVIII

       Quant Carles oït la seinte voiz de l'angle,
       Nen ad poür ne de murir dutance,
       Repairet loi vigur e remembrance;
3615   Fiert l'amiraill de l'espee de France,
       L'elme li freint o les gemmes reflambent,
       Trenchet la teste pur la cervele espandre   65b
       E tut le vis tresqu'en la barbe blanche,
       Que mort l'abat senz nule recuvrance;
3620   'Munjoie' escriet pur la reconuisance.
       A icest mot venuz i est dux Neimes,
       Prent Tencendur, muntét i est li reis magnes.
       Paien s'en turnent, ne volt Deus qu'il i remainent.
       Or sunt Franceis a icels qu'il demandent.

CCLXIX

3625   Paien s'en fuient cum Damnesdeus le volt;
       Encalcent Franc e l'emperere avoec.
       Ço dist li reis: 'Seignurs, vengez voz doels,
       Si esclargiez voz talenz e voz coers!
       Kar hoi matin vos vi plurer des oilz.'
3630   Respondent Franc: 'Sire, ço nus estoet.'
       Cascuns i fiert tanz granz colps cum il poet.
       Poi s'en estoerstrent d'icels ki sunt iloec.

CCLXX

       Granz est li calz, si se levet la puldre.
       Paien s'en fuient e Franceis les anguissent;
3635   Li enchalz duret d'ici qu'en Sarraguce.
       En sum sa tur muntee est Bramidonie,
       Ensembl'od li si clerc e si canonie
       De false lei que Deus nen amat unkes;
       Ordres nen unt ne en lor chefs corones.
3640   Quant ele vit Arrabiz si cunfundre,
       A halte voiz s'escrie: 'Aiez nos, Mahum!
       E! gentilz reis, ja sunt vencuz noz humes,
       Li amiralz ocis a si grant hunte!'

Quant l'ot Marsilie, vers sa pareit se turnet,
3645 Pluret des oilz, tute sa chere enbrunchet,
Morz est de doel, si cum pecchét l'encumbret; *66a*
L'anme de lui as vifs diables dunet. AOI.

CCLXXI

Paien sunt morz, alquant tornez en fuie,
E Carles ad sa bataille vencue,
3650 De Sarraguce ad la porte abatue,
Or set il ben que n'ert mais defendue.
Prent la citét, sa gent i est venue,
Par poëstét icele noit i jurent.
Fiers est li reis a la barbe canue,
3655 E Bramidonie les turs li ad rendues;
Les dis sunt grandes, les cinquante menues.
Mult ben espleitet qui Damnesdeus aiuet.

CCLXXII

Passet li jurz, la noit est aserie,
Clere est la lune e les esteiles flambient.
3660 Li emperere ad Sarraguce prise,
A mil Franceis funt ben cercer la vile,
Les sinagoges e les mahumeries.
A mailz de fer e a cuignees qu'il tindrent
Fruissent les ymagenes e trestutes les ydeles:
3665 N'i remeindrat ne sorz ne falserie.
Li reis creit Deu, faire voelt sun servise,
E si evesque les eves beneïssent,
Meinent paien ent[r]esqu'al baptisterie.
S'or i ad cel qui Carle cuntredie,
3670 Il le fait pendre o ardeir ou ocire.
Baptizét sunt asez plus de ·c· milie
Veir chrestïen, ne mais sul la reïne;
En France dulce iert menee caitive: *66b*
Ço voelt li reis, par amur cunvertisset.

CCLXXIII

3675 Passet la noit, si apert le cler jor.
De Sarraguce Carles guarnist les turs,
Mil chevalers i laissat puigneürs;

Guardent la vile a oes l'empereor.
Montet li reis e si hume trestuz
3680 E Bramidonie, qu'il meinet en sa prisun;
Mais n'ad talent que li facet se bien nun.
Repairez sunt a joie e a baldur.
Passent Nerbone par force e par vigur;
Vint a Burdeles, la citét de . . .
3685 Desur l'alter seint Severin le baron
Met l'oliphan plein d'or e de manguns:
Li pelerin le veient ki la vunt.
Passet Girunde a mult granz nefs qu'i sunt,
Entresque a Blaive ad conduit sun nevold
3690 E Oliver, sun nobilie cumpaignun,
E l'arcevesque ki fut sages e proz;
En blancs sarcous fait metre les seignurs.
A seint Romain la gisent li baron;
Francs les cumandent a Deu e a ses nuns.
3695 Carles cevalchet e les vals e les munz,
Entresqu'a Ais ne volt prendre sujurn.
Tant chevalchat qu'il descent al perrun.
Cume il est en sun paleis halçur,
Par ses messages mandet ses jugeors:
3700 Baivers e Saisnes, Loherencs e Frisuns;
Alemans mandet, si mandet Borguignuns.   *67a*
E Peitevins e Normans e Bretuns,
De cels de France des plus saives qui sunt.
Des ore cumencet le plait de Guenelun.

CCLXXIV

3705 Li empereres est repairét d'Espaigne
E vient a Ais, al meillor sied de France;
Muntet el palais, est venut en la sale.
As li Alde venue, une bele damisele.
Ço dist al rei: 'O est Rollant le catanie
3710 Ki me jurat cume sa per a prendre?'
Carles en ad e dulor e pesance,
Pluret des oilz, tiret sa barbe blance:
'Soer, cher' amie, de hume mort me demandes.
Jo t'en durai mult esforcét eschange:
3715 Ço est Loewis, mielz ne sai a parler,

Il est mes filz e si tendrat mes marches.'
Alde respunt: 'Cest mot mei est estrange.
Ne place Deu ne ses seinz ne ses angles,
Aprés Rollant que jo vive remaigne!'
3720   Pert la culor, chet as piez Carlemagne,
Sempres est morte, Deus ait mercit de l'anme!
Franceis barons en plurent e si la pleignent.

CCLXXV

Alde la bel[e] est a sa fin alee.
Quidet li reis que el se seit pasmee,
3725   Pitét en ad, si·n pluret l'emperere,
Prent la as mains, si l'en ad relevee;
Desur les espalles ad la teste clinee.
Quant Carles veit que morte l'ad truvee,
Quatre cuntesses sempres i ad mandees: 67*b*
3730   A un muster de nuneins est portee.
La noit la guaitent entresqu'a l'ajurnee;
Lunc un alter belement l'enterrerent.
Mult grant honor i ad li reis dunee. AOI.

CCLXXVI

Li emperere est repairét ad Ais.
3735   Guenes li fels en caeines de fer
En la citét est devant le paleis.
A un' estache l'unt atachét cil serf,
Les mains li lient a curreies de cerf,
Tresben le batent a fuz e a jamelz.
3740   N'ad deservit que altre ben i ait,
A grant dulur iloec atent sun plait.

CCLXXVII

Il est escrit en l'ancïene geste
Que Carles mandet humes de plusurs teres;
Asemblez sunt ad Ais a la capele.
3745   Halz est li jurz, mult par est grande la feste,
Dient alquanz, del baron seint Silvestre.
Des ore cumencet le plait e les noveles
De Guenelun ki traïsun ad faite.
Li emperere devant sei l'ad fait traire. AOI.

CCLXXVIII

3750 'Seignors barons,' dist Carlemagnes li reis,
'De Guenelun car me jugez le dreit!
Il fut en l'ost tresque en Espaigne od mei,
Si me tolit ·xx· milie de mes Franceis
E mun nevold que ja mais ne verreiz,
3755 E Oliver, li proz e li curteis;
Les ·xii· pers ad traït por aveir.'
Dist Guenelon: 'Fel seie, se jo·l ceil!   *68a*
Rollanz me forfist en or e en aveir,
Pur que jo quis sa mort e sun destreit;
3760 Mais traïsun nule nen i otrei.'
Respundent Franc: 'Ore en tendrum cunseill.'

CCLXXIX

Devant le rei la s'estut Guenelun.
Cors ad gaillard, e·l vis gente color;
S'il fust leials, ben resemblast barun.
3765 Veit cels de France e tuz les jugeürs,
De ses parenz ·xxx· ki od lui sunt;
Puis s'escriat haltement a grant voeiz:
'Por amor Deu, car m'entendez, barons!
Seignors, jo fui en l'ost avoec l'empereür,
3770 Serveie le par feid e par amur.
Rollant sis nies me coillit en haür,
Si me jugat a mort e a dulur.
Message fui al rei Marsiliun,
Par mun saveir vinc jo a guarisun;
3775 Jo desfiai Rollant le poigneor
E Oliver e tuiz lur cumpaignun,
Carles l'oïd e si nobilie baron;
Vengét m'en sui, mais n'i ad traïsun.'
Respundent Francs: 'A conseill en irums.'

CCLXXX

3780 Quant Guenes veit que ses granz plaiz cumencet,
De ses parenz ensemble od l[i] out trente,
Un en i ad a qui li altre entendent:

Ço est Pinabel del Castel de Sorence;
Ben set parler e dreite raisun rendre,
3785 Vassals est bons por ses armes defendre. AOI.   *68b*

CCLXXXI

Ço li dist Guenes: 'En vos . . .
Getez mei hoi de mort e de calenge!'
Dist Pinabel: 'Vos serez guarit sempres.
N'i ad Frances ki vos juget a pendre,
3790 U l'emperere les noz dous cors en asemblet,
Al brant d'acer que jo ne l'en desmente.'
Guenes li quens a ses piez se presente.

CCLXXXII

Bavier e Saisnes sunt alét a conseill
E Peitevin e Norman e Franceis;
3795 Asez i ad Alemans e Tiedeis,
Icels d'Alverne(ne) i sunt li plus curteis;
Pur Pinabel se cuntienent plus quei.
Dist l'un a l'altre: 'Bien fait a remaneir.
Laisum le plait e si preium le rei
3800 Que Guenelun cleimt quite ceste feiz,
Puis si li servet par amur e par feid.
Morz est Rollant, ja mais ne·l revereiz,
N'ert recuvrét por or ne por aveir:
Mult sereit fols ki or se cumbatreit.'
3805 Nen i ad celoi ne·l graant e otreit,
Fors sul Tierri, le frere(re) dam Geifreit. AOI.

CCLXXXIII

A Charlemagne repairent si barun,
Dient al rei: 'Sire, nus vos prïum
Que clamez quite le cunte Guenelun,
3810 Puis si vos servet par feid e par amor.
Vivre le laisez, car mult est gentilz hoem.
Ja por murir n'en ert veüd cist barun,
Ne por aveir ja ne·l recuverum.'   *69a*
Ço dist li reis: 'Vos estes mi felun.' AOI.

CCLXXXIV

3815 Quant Carles veit que tuz li sunt faillid,
Mult l'enbrunchit e la chere e le vis,
Al doel qu'il ad si se cleimet caitifs.
Ais li devant uns chevalers, [Tierris,]
Frere Gefrei, a un duc angevin.

3820 Heingre out le cors e graisle e eschewid,
Neirs les chevels e alques bruns [li vis,]
N'est gueres granz ne trop nen est petiz.
Curteisement a l'emperere ad dit:
'Bels sire reis, ne vous dementez si!

3825 Ja savez vos que mult vos ai servit,
Par anceisurs dei jo tel plait tenir.
Que que Rollant a Guenelun forsfesist,
Vostre servise l'en doüst bien guarir.
Guenes est fels d'iço qu'il le traït,

3830 Vers vos s'en est parjurez e malmis.
Pur ço le juz jo a pendre e a murir,
E sun cors metre . . .
Si cume fel ki felonie fist.
Se or ad parent ki m'en voeille desmentir,

3835 A ceste espee que jo ai ceinte ici
Mun jugement voel sempres guarantir.'
Respundent Franc: 'Or avez vos ben dit.'

CCLXXXV

Devant lu rei est venuz Pinabel,
Granz est e forz e vassals e isnel,

3840 Qu'il fiert a colp, de sun tens n'i ad mais.
É dist al rei: 'Sire, vostre est li plaiz:
Car cumandez que tel noise n'i ait!   *69b*
Ci vei Tierri ki jugement ad fait,
Jo si li fals, od lui m'en cumbatrai.'

3845 Met li el poign de cerf le destre guant.
Dist li empereres: 'Bons pleges en demant.'
·xxx· parenz li plevissent leial.
Ço dist li reis: 'E jo·l vos rec[re]rrai.'
Fait cels guarder tresque li dreiz en serat. Aoi.

CCLXXXVI

3850 Quant veit Tierri qu'or en ert la bataille,
Sun destre guant en ad presentét Carle.
Li emperere l'i recreit par hostage,
Puis fait porter ·iiii· bancs en la place;
La vunt sedeir cil ki·s deivent cumbatre.
3855 Ben sunt malez par jugement des altres,
Si·l purparlat Oger de Denemarche;
E puis demandent lur chevals e lur armes.

CCLXXXVII

Puis que il sunt a bataille jugez, Aoi.
Ben sunt cunfés e asols e seignez.
3860 Oënt lur messes e sunt acuminjez,
Mult granz offrendes metent par cez musters.
Devant Carlun andui sunt repairez,
Lur esperuns unt en lor piez calcez,
Vestent osberc blancs e forz e legers,
3865 Lur helmes clers unt fermez en lor chefs,
Ceinent espees enheldees d'or mier,
En lur cols pendent lur escuz de quarters,
En lur puinz destres unt lur trenchanz espiez;
Puis sunt muntez en lur curanz destrers.
3870 Idunc plurerent ·c· milie chevalers   *70a*
Qui pur Rollant de Tierri unt pitiét.
Deus set asez cument la fins en ert.

CCLXXXVIII

Dedesuz Ais est la pree mult large;
Des dous baruns justee est la bataille.
3875 Cil sunt produme e de grant vasselage
E lur chevals sunt curanz e aates;
Brochent les bien, tutes les resnes lasquent.
Par grant vertut vait ferir l'uns li altre,
Tuz lur escuz i fruissent e esquassent,
3880 Lur osbercs rumpent e lur cengles depiecent,
Les alves turnent, les seles cheent a tere.
·c· mil[ie] humes i plurent ki·s esguardent.

CCLXXXIX

A tere sunt ambdui li chevaler, Aoi.
Isnelement se drecent sur lur piez.
3885 Pinabels est forz e isnels e legers;
Li uns requiert l'altre, n'unt mie des destrers.
De cez espees enheldees d'or mer
Fierent e caplent sur cez helmes d'acer;
Granz sunt les colps as helmes detrencher.
3890 Mult se dementent cil franceis chevaler.
'E! Deus,' dist Carles, 'le dreit en esclargiez!'

CCXC

Dist Pinabel: 'Teirri, car te recreiz!
Tes hom serai par amur e par feid,
A tun plaisir te durrai mun aveir;
3895 Mais Guenelun fai acorder al rei!'
Respont Tierri: 'Ja n'en tendrai cunseill.
Tut seie fel, se jo mie l'otrei!
Deus facet hoi entre nus dous le dreit!' Aoi.   *7ob*

CCXCI

Ço dist Tierri: 'Pinabel, mult ies ber,
3900 Granz ies e forz e tis cors ben mollez;
De vasselage te conoissent ti per.
Ceste bataille, car la laisses ester!
A Carlemagne te ferai acorder.
De Guenelun justise ert faite tel,
3905 Jamais n'ert jur que il n'en seit parlét.'
Dist Pinabel: 'Ne placet Damnedeu!
Sustenir voeill trestut mun parentét,
N'en recrerrai pur nul hume mortel;
Mielz voeill murir que il me seit reprovét.'
3910 De lur espees cumencent a capler
Desur cez helmes ki sunt a or gemez;
Cuntre le ciel en volet li fous tuz clers.
Il ne poet estre qu'il seient desevrez,
Seinz hume mort ne poet estre afinét. Aoi.

CCXCII

3915 Mult par est proz Pinabel de Sorence,
Si fiert Tierri sur l'elme de Provence,
Salt en li fous que l'erbe en fait esprendre;
Del brant d'acer la mure li presentet,
Desur le frunt. . . .
3920 Emmi le vis li ad faite descendre.
La destre joe en ad tute sanglente,
L'osberc desclos josque par sum le ventre.
Deus le guarit que mort ne l'acraventet. Aoi.

CCXCIII

Ço veit Tierris que el vis est ferut,
3925 Li sancs tuz clers en chiet el pred herbus.
Fiert Pinabel sur l'elme d'acer brun,   71a
Jusqu'al nasel li ad f[r]ait e fendut,
Del chef li ad le cervel espandut,
Brandit sun colp si l'ad mort abatut.
3930 A icest colp est li esturs vencut.
Escrient Franc: 'Deus i ad fait vertut.
Asez est dreiz que Guenes seit pendut
E si parent ki plaidét unt pur lui.' Aoi.

CCXCIV

Quant Tierris ad vencue sa bataille,
3935 Venuz i est li emperere Carles,
Ensembl'od lui de ses baruns quarante.
Naimes li dux, Oger de Danemarche,
Geifrei d'Anjou e Willalme de Blaive . . .
Li reis ad pris Tierri entre sa brace,
3940 Tert lui le vis od ses granz pels de martre,
Celes met jus, puis li afublent altres;
Mult suavet le chevaler desarment.
Fait [le monter] en une mule d'Arabe;
Repairet s'en a joie e a barnage,
3945 Vienent ad Ais, descendent en la place.
Des ore cumencet l'ocisïun des altres.

CCXCV

Carles apelet ses cuntes e ses dux:
'Que me loëz de cels qu'ai retenuz?
Pur Guenelun erent a plait venuz,
3950   Pur Pinabel en ostage renduz.'
Respundent Franc: 'Ja mar en vivrat uns.'
Li reis cumandet un soen veier, Basbrun:
'Va, si·s pent tuz a l'arbre de mal fust!
Par ceste barbe dunt li peil sunt canuz,   71b
3955   Se uns escapet, morz ies e cunfunduz.'
Cil li respunt: 'Qu'en fereie joe plus?'
Od ·c· serjanz par force les cunduit.
·xxx· en i ad d'icels ki sunt pendut.
Ki hume traïst, sei ocit e altroi. AOI.

CCXCVI

3960   Puis sunt turnét Bavier e Aleman
E Peitevin e Bretun e Norman.
Sor tuit li altre l'unt otriét li Franc
Que Guenes moerget par merveillus ahan.
Quatre destrers funt amener avant,
3965   Puis si li lient e les piez e les mains.
Li cheval sunt orgoillus e curant,
Quatre serjanz les acoeillent devant.
Devers un' ewe ki est enmi un camp
Guenes est turnét a perdicïun grant:
3970   Trestuit si nerf mult li sunt estendant,
E tuit li membre de sun cors derumpant;
Sur l'erbe verte en espant li cler sanc.
Guenes est mort cume fel recreant.
Hom ki traïst altre, nen est dreiz qu'il s'en vant!

CCXCVII

3975   Quant li empereres ad faite sa venjance,
Si·n apelat ses evesques de France,
Cels de Baviere e icels d'Alemaigne:
'En ma maisun ad une caitive franche;
Tant ad oït e sermuns e essamples
3980   Creire voelt Deu, chrestïentét demandet.

Baptizez la, pur quei Deus en ait l'anme!'
Cil li respundent: 'Or seit fait(e) par marrenes,
Asez cruiz e linees dames.'   72a
As bainz ad Ais mult sunt granz les cumpaignes;
3985 La baptizent la reïne d'Espaigne,
Truvét li unt le num de Juliane.
Chrestïene est par veire conoisance.

CCXCVIII

Quant l'emperere ad faite sa justise
E esclargiez est la sue grant ire,
3990 En Bramidonie ad chrestïentét mise.
Passet li jurz, la nuit est aserie,
Culcez s'est li reis en sa cambre voltice.
Seint Gabriel de part Deu li vint dire:
'Carles, sumun les oz de tun emperie!
3995 Par force iras en la tere de Bire,
Reis Vivïen si succuras en Imphe,
A la citét que paien unt asise;
Li chrestïen te recleiment e crient.'
Li emperere n'i volsist aler mie.
4000 'Deus,' dist li reis, 'si penuse est ma vie!'
Pluret des oilz, sa barbe blanche tiret.
Ci falt la geste que Turoldus declinet.

Every departure in the text from the reading of the MS. has been indicated, either by the use of brackets or by a note. Simple additions and omissions (by the scribe) have been indicated by round and square brackets respectively. When an addition or omission results from the revision of the text by the scribe or the revisor, or where there is any other complicating factor, the fact is mentioned in the notes.

It is sometimes difficult to distinguish the alterations in the MS. made by the original scribe from those for which the revisor is responsible. In doubtful cases I have followed Samaran (op. cit. pp. 19-22). By an oversight, three cases appear twice in Samaran's lists, being attributed on their first appearance to the scribe and on their second to the revisor. Of these cases, the alterations in ll. 455 and 1044 appear to me to be due to the scribe, while that in l. 1061 appears more likely to be due to the revisor.

The MS. contains numerous erasures. In the following cases, the erasure is due to the revisor clearing a dittography (the erased letters are printed between oblique strokes): 45 enveierai le men / enveierai le men / , 1290 cheval / brobro / chet, 1590 paient / paient / cist, 1607 feist / tantes / tantes, 1734 ert / h(unie?) / hunie, 1843 Desur / sur / , 2009 tel / amuR? / amur, 2912 deman / deman / derunt, 3094 Piere fut / fut/, 3591 Mortas / mortas/. *In l. 778 two or three letters have been erased between* jugee *and* sur. *The erasure cannot be read, but it may be conjectured that, here also, the revisor was clearing a dittography. According to Bédier and Stengel, there are erasures in ll. 63 (two letters after* Clarin), *704 (six to eight letters after* pris), *2042 (four letters after* paiens), *2135 (two letters after* malvais); *Samaran (Rom. LV 405) doubts whether these gaps are really due to erasure. The following lines or portions of lines are written over an erasure:* 31 (second hemistich), 91, 449-50, 1608-9, 2051-2 (with bcs des 7 rūput erased in right-hand margin), 1943 (last four words only), 2321-3 (the end of l. 2321 and the greater part of ll. 2322-3), 3546 (last five words only). *Under the ultra-violet lamp, parts of the erasures under ll. 449-50 and 2321-3 can be read, and from this it appears that all the scribe has done is to efface imperfectly written lines and recopy them (v.* Samaran *Rom.* LV 404 *and op. cit.* p. 47). *The other cases are doubtless susceptible of the same, or a similar, explanation. The word* ia (?) *was added above the line after* ad *in l. 3068 by the revisor and subsequently erased. In addition to the above (none of which has more than a palæographical interest), there are a large number of cases in which the existence of an erasure affects the establishment of the text; these cases are discussed in the notes to the lines in which they occur.*

In some places the readings of the MS. are almost or entirely obliterated. This is the case with fol. 1a, where the s *of* magnes (1), *the* ne *of* Espaigne (2), *the* mun *of* muntaigne (6), *the* e *of* ore (27) *are all more or less illegible; with fol. 1b, where the* Fe *of* Fedeilz (29) *and the* V *of* Vos (30) *are only visible under the ultra-violet rays; with fol. 25a, where ll. 1355-63 are particularly faint and the last letter of* oilz (1355), *the whole of* ansdous (1355) *and* desuz (1356) *and the* M *of* Mort (1357) *can only be read under the ultra-violet rays; with fol. 70b, where the initial letters of ll. 3916-25 have been obliterated, but can be read under the ultra-violet rays; with fol. 71b, where the first two letters of* Par (3954), Se (3955), *the* o *of* sor (3962), *the* re *of* Quatre (3964), *the* Q *of* Quatre (3967), *the* E *of* En (3970) *are only visible under the ultra-violet rays and the* lt *of* mult (3978) *almost obliterated.*

The following abbreviations are used in the notes: B (= Bédier, notes to edition), B *Comm.* (=Bédier, *Commentaires sur la Chanson de Roland*), H (= Hilka, edition), J (= Jenkins, edition), Sᴀ (= Samaran, Introduction to the collotype reproduction of the MS.), Sᴀ R (= Samaran, article in *Romania* LV 401-10), Sᴛ (= Stengel, diplomatic transcription of the MS.), Sᴛ E (= Stengel, edition), W (= Waters, article in *Mod. Lang. Review* XXV 95-9).

Letters or words added by the revisor are enclosed between half-brackets ⌈ ⌉, *and erasures between oblique strokes (/ /). Where an erasure is not decipherable, the fact is indicated by printing dots between the strokes, the number of dots showing the probable number of letters erased.*

16 e.] epes — 43 *The scribe inserted this line in the right-hand margin opposite ll. 42-44* — 73-4 *Inverted in MS., but the scribe indicates the correct order by the letters* a *and* b *in the margin* — 118 e le c.] e la cuntenance — 122 tut *was added above the line after* ad; *by*

the revisor (SA), *by the scribe* (B) — 124 d. a.] dş aurez — 126 salvetez, *with* z *made out of an original* t *by the revisor* — 127 *The* r *of* duner *added by the revisor* — 137 t. s.] tent/ . . . / s. (*cf.* SA R *and* W) — 147 Voet, *with* t *written on an erased* l. *Between this erased* l (*which is still faintly visible*) *and the beginning of the next word is a gap of* 5 *mm. It is possible therefore that the original reading was* voelt, *with a* t (*subsequently erased*) *following the original* l. *Most editors emend to* ço est *or to* Vus. Voelt p. o. ('he will do it by giving hostages' *or* 'he wishes it to be done by an exchange of hostages') *involves a violent ellipsis, but it is far from an impossible reading* — 171 n.] ne/u (uld?)/ — 178 la *added above the line* (*by the original scribe* — SA) — 203 Chancuns — 233 *Read* cō (= com) vus ad *instead of* ço vus ad? — 241 *There is a blank line between ll.* 240 *and* 241. SA R *doubts whether the blank is the result of an erasure. According to* W, '*no trace of writing can be detected in the blank space*'. *It seems probable that the scribe found an illegible line in his original.* J *and other editors fill the lacuna by inserting a line based on the collateral versions* (V^4 De li vostri baron vos li manda u; V^7 Trametez li un de vos meillors druz). — 261 v.b.] u. blarcher — 269 e.] en espaigne — 275 ma] mar, *with* r *expuncted* — 310 b. /que?/ a.; *the erased word* (*probably* que, *not* qu) *was written close up to* aler — 319 z *of* venez *almost completely effaced* — 354 n'ert] nercs; *perhaps* n'erc (*error for* n'ert), *followed by the initial* s *of a word* (salvez ?) *which the scribe did not proceed with* — 368 v. B *Comm.* 200 — 385 pre/d/et — 397 a/i/ment — 408 *The scribe wrote* Enuolupet, *but then expuncted the first leg of the* n *and made the second into an* s (SA). W *reads* Enuolupet, '*the supposed alterations being mere smudges*' — 414 M.] lempeur — 447 dirat *added in right-hand margin by the revisor* — 449 cumpee — 450 meslee *or* mellee? — 455 le *added above the line by the scribe* — 460 *Most editors* (*but not* B) *emend to* Que Charlemagne. *In view of the occurrence of three* li*'s almost vertically in line with each other, the possibility of an accidental slip from* 460 *to* 461 *is one that can be by no means excluded.* — 478 *Erasure after* serez. *The erased letters were written close up to* dreit *and it is hardly possible that there were more than two of them* — 484 liueret, *with second* e *added by revisor above the line* — 509 E guenes lad pris — 561 *A letter erased after* milie; /s/ (SA R) *or* /f/ (W)? — 562 est carll' ne cre crent — 580 *The second hemistich is missing and ll.* 580-1 *are written as one line. Emendation based on* V^4 *and the analogy of l.* 563 — 593 W *reads* estoertrat (*cf.* 3632) *and* SA estuertrat. — 602 uvrir] uenir — 603 quen parlereient ⌈il plus⌉; *the last two words on an erasure.* H *assumes* (*very plausibly*) *that* parlereient *is a misreading for* parlereiens, *a form with which the scribe was probably not acquainted* — 604 hume ⌈nest seuus⌉; *the last two words on an erasure* — 605 Roll' ⌈si illi est⌉; *last three words added at the end of the line, no erasure* (B). *According to* W, 'illi est (*but not* si) *stand on the lower part of the large erasure on which additions have been made to ll.* 603 *and* 604,' *In any case, it seems clear that the Digby scribe ended the line with the word* Roll' *and that the erasure has not caused anything to disappear from the text* — 617 v. un⌈s⌉ p.; ⌈s⌉ *above the line* — 618 I. en vait al r.; v. *Introduction* vii — 623 nos] uos — 629 *One or more lines have been omitted by the* *scribe after this line; v.* B *Comm.* 178 — 634 Brami˹munde˺, *the word being left unfinished by the original scribe* — 640 vit *expuncted and* nout *added above the line;* V⁴ *n have* vit, CV⁷ ot — 651 d.] dun'er — 706-7 *The other versions insert an extra line between* 706 *and* 707 (V⁴: Passa li jors, si declina la vespree). *It is quite possible that a line has fallen out of the Digby text; for a discussion,* v. B *Comm.* 148 — 708 sum] su˹r˺, *the revisor having erased the two last legs of the* m *to turn it into an* r — 711 H. v. 7 tres bien ˹fermez˺; *the last word added to fill a blank. The last letter of* fermez *has been altered, the revisor having first written* fermer *and then erased the* r, *substituting a clumsy* z (W) *The adverb* tresbien *(which here needs to be followed by a masculine past part.) is a patent corruption, no doubt due to an attempt to decipher an illegible original. Read* broignes endossees *with* C ? — 719 as] al — 722 c. e b.] ˹es˺trussee 7 b.; es *above the line* — 726 ert en F.] en F. ˹ert˺; ert *above the line* — 738 s. .... m. g.] ˹suvent e menu reguarded˺, *added over an erasure.* V⁷ *reads* mil graisles sonent par merveillus semblant; *this suggests that the Digby text originally had* sunent (= *the revisor's* suuent) *followed by a corruption* — 745 Q. ˹lot˺ li; ˹lot˺ *above the line* — 757 *The* i *of* deiet *added above the line (by the revisor?)* — 770 *Second hemistich left blank by the scribe, but supplied by the revisor* — 796 f.] ueillz — 797 v.] fiers — 802 *The letters in square brackets, which are erased in the MS., can be read under the ultra-violet rays* — 803 H.] ˹l˺um, *the revisor having erased the loop and second leg of the scribe's* h *to make an* l — 805 destreiz] deserz — 814 e *is almost obliterated, but can be read under the ultra-violet rays* — 816 a grant dulur *in smaller letters; according to B, the ink and perhaps the hand are different, but* SA R *attributes the insertion to the original scribe.* — 820 lur] le — 836-8 *For a different punctuation and a discussion,* v. B *Comm.* 209 *and* M. K. Pope *Medium Ævum* V 5. *In* 837, que *probably* = '*for*'; chi (838) *may* = qui '*the man who' or be a misspelling for* Cil, *in which case punctuate by a full stop after* hanste — 838 a] a ˹la˺; ˹la˺ *above the line* — 869-70 *Inverted in the MS.; the scribe shows the correct order by the letters* a *and* b *in the left-hand margin* — 881 i.] i irum, *with the first* i *expuncted.* — 884 *The first letter is doubtful;* l *made into an* i (?) *or a* t (?) — 888 *Several lines probably omitted after this line;* v. B *Comm.* 179 — 901 m. c. guier] m. c. iuer — 914 *The initial* S *obliterated, but visible under the ultra-violet rays* — 919 si saiust — 946 A v.] ˹sire˺ a v.; ˹sire˺ *above the line* — 954 *The second hemistich is quite possibly corrupt.* CV⁷ *have* vus rendrum recreant. *If this was the original reading, the Digby reading could arise through the scribe losing his place in his model* — 979 v. M. K. Pope *Medium Ævum* V 8 — 986 *The first* e *of* veie *is by the revisor (made out of an* i ?) — 992 *The original* e *of* bataille *being obliterated, the revisor added another above the line over the* ll — 993 s.] sa ˹pide˺; ˹pide˺ *on an erasure* — 995-6 *The MS. reads* T. li p. en sunt saraguzeis Dublez en treis lacent lor e. m. b. s. — 1013 i. e.] lempleit — 1017 h.] ˹haut muntez˺ *on an erasure* — 1018 sur] su˹z˺; ˹z˺ *on an erasure?* — 1021 b.] bruur; V⁴ *has* brunor. *It is probable that Digby's* bruur *is an error for* brüur — 1044 avrez *added above the line by the scribe* — 1061 ˹tut˺ *above the line between* od *and* sun —1088 en e.] en ÷ graigne. *Some keep the MS. and assume that* graigne *is an adj. made on the model of* maire *or* magne, *but it is more likely that the scribe misread his original, taking an* ē (= en) *for* ē (= est) — 1123 ⌈E⌉ purrunt ⌈dire⌉ que; E *in the left-hand margin immediately before the beginning of the line,* ⌈dire⌉ *on an erasure* — 1136 Franceis ⌈de⌉ cendent; de *above the line* — 1158 l. d'or] renges. *The line is metrically unsatisfactory* (2 + 6 *if the caesura is after* renges, 5 + 3 *if after* batent), *while* renges ('*baldric*') *is meaningless here. The emendation comes from* CV⁷ PL — 1165 le p. t.] pas ⌈alez⌉ t.; ⌈alez⌉ *above the line* — 1192 g. vos] g. nos — 1210 Oii, *the first* i *added by the revisor to fill the gap between* O *and the second* i, *this latter being expuncted* — 1215 la t. datliun 7 balbiun — 1251 *All editors* (*except* H) *emend* arere to a tere; *for an attempt to justify the MS., v. Bédier, Rom.* LXIV 217. *In view of the ease with which* t *and* r *can be confused and of the reading in l.* 1230, arere *may well be a scribal error* — 1261 E G.] Engelers — 1274 O.] olilier — 1276 *The assonance is impure; editors generally emend to* ad or e a flurs — 1290 ⌈bro⌉chet, bro *above the line in place of an erasure* (/brobro/) — 1293 rumpit *altered from* rompit, *or vice-versa* — 1297 *Most editors emend* Gualter *to* Otes; *v.* B *Comm.* 180 — 1306 e.] escut — 1327 la c.] le cors — 1339 *A tear makes the first word uncertain;* SA *and* W *read* tient — 1347 si] ⌈e⌉ si; ⌈e⌉ *above the line* — 1353 *Third word not clear;* ferir *followed by part of the first leg of a* u? (W), ferun *corrected to* feren? (SA); ferun *corrected to* ferir? — 1369 c⌈h⌉evaler; ⌈h⌉ *above the line* — 1376 uos rec ⌈eif⌉ jo; ⌈eif⌉ *above an erasure. The original reading may well have been* recois (*for* recōis = reconois), *misread by the revisor as* recoif; *this conjecture is borne out by* SA'*s investigations with the ultra-violet rays, which show that the erased letters are probably* /ois/ — 1388-9 *These lines appear as one line in the MS.:* Espue's icil fut filz burdel. *The emendation in the text is that of most editors. Two lines have obviously been telescoped.* Burdel ('*Bordeaux*') *is the last word of some such phrase as* Celui ocist Engelers de Burdel. Burel *comes from the other versions, whose reading is substantially the same as that in the text. The first word of l.* 1388 *has been read in various ways:* SA *and* W *agree that it is* Espue's *and not* Esprie's *or any of the other forms suggested.* Espue's *is probably a misspelling for* Espue's (= Esperveres *or* Espervers, *cf. P's* Espre-varis) — 1417 m.] millere, *the final* e *probably added by revisor: there is no erasure* — 1420 guarnemenz *taken by* Foulet *to mean* '*defenders*'. V⁴ *and the rhymed versions add three lines after* 1420. *As the transition between* 1420-1 *is rather abrupt, something may be missing from the Digby MS.* — 1421 *Digby's source may well have had* pe's (= pers), *misread by the scribe as* peres. *There is no need to take* pers *as* '*spouse*' (*as do* Jenkins *and* Bertoni); *v.* Bédier, *Rom.* LXIV 510 — 1428 del P.] de paris — 1429 *The sense requires* al port de G.; *the reading in the text may be due to the original author, who was so used to writing* porz de Sizer *etc., that he might easily have slipped up* — 1430 li] del: del *may be an odd corruption, induced by* del Peril (1428) *and coming into the text before this was changed to* de paris — 1433 ne ses ⌈spant⌉; ⌈spant⌉ *above an erasure* — 1441 L'a. d.] ⌈Roll'⌉ dist; ⌈Roll'⌉ *in left-hand margin immediately before the beginning of the line; the speech*

is attributed to Turpin in the other versions — 1444 v. ad] v. est —
1449 *Before this laisse, the other versions insert the episode in which
Margariz informs Marsile of the disaster to the Saracens;* v. B *Comm.*
182 — 1452 Lacent — 1460 f. e a.] f. a.; *there is a space of 6 mm.
between* forte *and* aduree, *a word of one or two letters being erased* --
1472 Te⌐t⌐ches; ⌐t⌐ *above the line* — 1531 s. h.] sespee; *v.* B *Comm.* 188
— 1542 a ounfundre — 1581 P.] po/d/ez, /d/ *being erased by the
revisor and* o *retouched* — 1588 le] el; *the* el *was made from* le *by the
revisor* — 1609 as] ad — 1612 l'h.] le herbe — 1614 de C.] de C. ⌐neez⌐;
⌐neez⌐ *added at the end of the line, there being no erasure* — 1615
Marinorie *is also a possible reading.* — 1626 V. e l'enurs] Valeri 7
enuers. *There are no places on the Rhône called* Valeri *or* Envers. *V*⁴
has Valença e llonor che afere. Valeri *may be for* Valerie *or a corruption
of* Valence. Envers *scarcely looks like a proper name at all and may
be a misreading for* enurs = honur — 1629 *The initial* L *is missing* —
1634 ki ⌐oit⌐ del cuntence; ⌐oit⌐ *above the line. Emendation in the
text based on V*⁴ — 1642 sen esp⌐a⌐ent; ⌐a⌐ *added above the line in
place of an erasure.* SA *reads* /o/ — 1648 les]se — 1653-62 *These
lines, written by the Digby scribe as part of Laisse* CXXV, *were almost
certainly intended by the original poet to form a separate laisse. Most
editors (including* Bédier) *print ll.* 1661-70 *before ll.* 1653-60, *regarding
the two passages as being inverted by the scribe. This is unnecessary, as
l.* 1670 *seems intended to end this phase of the battle. In addition, most
editors (but not* Bédier) *transfer the Abisme episode (ll.* 1467-509) *from
the place it occupies in the MS. and print it here, the order generally
adopted being* 1661-70, 1653-60, 1467-509, 1671. *For a justification of
the order of the MS., v.* M. K. Pope, *Medium Ævum* I 81-6 — 1666 *It
may be doubted whether anything has fallen out of the text here. Most
editors supply an additional line, based on V*⁴ (dist li pain nu nol
sofrirons mie). *This line however is found only in V*⁴. *Three versions*
(*CV*⁷ *T*) *eliminate the speech, replacing* 1665 *by* Felun paien tot i
perdent les vies — 1679 M.] Munlt (*contamination from* grant?)
— 1686 turs *is generally emended to* esturs — 1690-1 *As* Aoi *is
written well away from* perte (9 *mm.*) *and directly under the last three
letters of* cher, *it seems that the scribe meant it to go with l.* 1690 —
1698 C.] cū⌐mēt⌐; ⌐met⌐ *above the line (in the same ink as the rest*
W, *added by revisor* SA) — 1710 t *of* ert *above the line (added by
original scribe?)* — 1723 *In the left-hand margin opposite this line,
the revisor has written* e cil *as an alternative to the scribe's* e il —
1728 Se·m] Se m⌐e⌐; ⌐e⌐ *above the line* — 1734 ⌐hunie⌐ *added after
and in place of an erasure* (/hunie?/) — 1769 c.] cubatant, *with* 9
written directly above u *by the original scribe* — 1770 n.] ⌐il⌐ n.; ⌐il⌐
above the line — 1775 s.] ⌐sanz⌐; ⌐sanz⌐ *made from an original* seinz —
1780 t *of* vat *followed by faint vertical stroke ending in a sort of tail.*
B *takes this stroke to be* z *and reads* vatz, *altered from* vait *by the
revisor. It is possible that the* z (?) *is not due to the revisor. The scribe
may have written* c *and started to write* o (*the first two letters of* cornant)
and then, realizing his error, have turned c *into a* t *and smudged out the
part of the* o *already written* — 1782 ⌐cel⌐ *above the line;* q.] ⌐re⌐ querre
⌐re⌐ *above the line* — 1783 c⌐h⌐evalcez. *with* ⌐h⌐ *added above the line* —

790 *Last wora a.most obliterated:* penne (S⊤), peinie (S⊤. E.). W *reads it as* peinte, *providing an* ex post facto *justification for* J*'s interpretation* ber i fait la peinte (*'a hero is blowing it'*). Peinte *however seems to be a hapax. Another suggestion by* J *is that the phrase is a corruption for* i fait l'empeinte (*'is attacking'*). *The fact that the other versions go back to an original with* peine (*C* cil vassal est en peine; *V*⁴ Sarraçin lo fa dolent) *suggests that the Digby scribe wrote, or meant to write,* i fait la peine (= se pener) —1813 c.] cur⌐ius⌐, cur *being followed by an erasure and the three letters* ius *added to the right of this;* S⋏ *reads the erased letters as* /ucus/ — 1835 c.] curius, *this word being made out of* curucus *by the revisor, who erased the second* c *and the second leg of the second* u — 1836 dement, *with* u (W) *or* il *made into* d *by the revisor* — 1837 p.] pent, *the superscript* i *over* p *having disappeared owing to a hole in the MS.* — 1850 *The* r *of* reis *was added above the line in place of an erasure* — 1862 r.] rubostl, *the* l *most probably due to the* ll *of* exill *and replacing an original* e; ruboste *is a hapax, but may easily be a genuine variant of* rubeste (*'harsh'*) — 1926 e voz] ⌐e vos⌐ 7; ⌐e vos⌐ *above the line* — 1946 *For* descust, *v.* B *Comm.* 220 — 1955 p.] ⌐ecristaus⌐; ⌐ecristaus⌐ *above the line in place of an erasure* (/ena/, S⋏ R) — 1971 *One or more words omitted by the scribe;* a la tere *is a plausible emendation from the palæographical point of view and* V⁴ *has* ver tere trabuçer — 1991 li] ⌐ki⌐ li; ⌐ki⌐ *above the line* — 2006 mel] m ⌐a⌐l; ⌐a⌐ *above the line in place of an (imperfectly) erased* e— 2023 ⌐plus⌐ *above the line* — 2043 ⌐illi⌐ *inserted above* o — 2052 ot l. sui f.] ⌐h⌐ot ⌐une⌐ lance ⌐ferut⌐; ⌐h⌐ *squeezed in before the* o *of* ot, ⌐une⌐ *above the line,* ⌐ferut⌐ *above the line in place of an erasure. An* /s/ *can be detected after the* e *of* lance, *the remaining part of the erasure has not been deciphered.* V⁴*'s reading* (de lançe son ferut), *taken in conjunction with that of* C (o lances mes cossuz), *justifies the emendation in the text* — 2055-6 *A* laisse *is missing between these lines; v.* B *Comm.* 189 — 2060 F.] felun feluns — 2063 *The final letters of the last word are erased;* W *reads* guar/d(er?)/, B guar/ir/ — 2075-5a *The MS. here has a line of fifteen syllables. Most editors emend by suppressing* e gieser — 2096-7 *It seems best to take* E fist la chartre *as following directly on* cil ki el camp fut, *with l.* 2096 *as an awkward parenthesis.* S⊤, *following TP, reads* En fist, *but TP have nothing corresponding to l.* 2095 — 2108 *The revisor completely erased the* i *of* gaires — 2116 *The* l *of* cels *has been erased, but is visible under a lens; the revisor has inserted a titulus over the* e *of* oez, *no doubt because he misread the word as* oct = oent — 2117 *The line is written to the right of a tear repaired by a strip of parchment on the other side of the leaf: the first two words, which are almost completely obliterated, have been read by* S⋏ *with the ultra-violet lamp* — 2126 ⌐ler⌐at; ⌐ler⌐ *above the line* — 2145 *Emend* vus *to* nus? — 2157 Le ⌐escut⌐; ⌐escut⌐ *above the line in place of an erasure* — 2159 l'unt] lad — 2165 ten⌐dēt⌐; ⌐dēt⌐ *above the line in place of an erasure* — 2183 m. d. / . . . / mien, *with an erasure of approx.* 10 mm. S⋏ 47 *suggests that the MS. originally had* m. d. uře e mien, *with* uře e *erased in error for a dittography. But the dittography may have been real (e.g.* m. deu deu e). — 2186-9 *Three of the Peers are not mentioned here; one need not however assume (with* Bédier *Comm.* 223

and other editors) that one or more lines are missing — 2205 *Some editions emend* les *to* l'; v. B. *Comm.* 223 — 2214 *Below this line (which occurs at the bottom of fol.* 40a) *another has been erased;* SA *thinks that this line was merely l.* 2214 *written over again in error. The evidence of the other versions proves that nothing has been omitted here* — 2215 il *added by the scribe above the line* — 2218 desculurer — 2242 *This line occurs at the bottom of fol.* 33a *(immediately after l.* 1823), *instead of at the bottom of fol.* 40b, *where it rightly belongs. For a convincing explanation of how the error arose, v.* A. Ewert *and* M. Roques, *Rom.* LIX 81-3 — 2245 s.] ⌐la sue¬ s.; ⌐la sue¬ *above the line* — 2260 le] la — 2265 P. qu'] Dun — 2267-8 bele, faite; *the fem. endings probably due to inattention on the part of the scribe, who let himself be influenced by the endings of* arbre *and* marbre — 2300 *The assonance is impure; editors usually emend to* brune, *but this is unnecessary* — 2302 nes gruignet *is usually emended to* ne ne s'esgruignet. *Although it gives a hypometric line, the emendation* ne n'esgruignet *is preferable on palæographical grounds and gives a line exactly parallel to l.* 2313 — 2319 *First word doubtful:* Quar *made into* Quant *by the revisor?* (SA) — 2322 e A.] namon *(a misreading of* 7 aniou) — 2326 R.] nomaine, *with the first leg of the* n *expuncted and the second made into an* r. *An additional* r *was written above the line by the revisor* — 2331 e I.] ⌐7 uales islonde¬ *on an erasure; the reading in the text is supported by the other versions* — 2337 p.] pre; *the third word from the end is uncertain:* laisen (ST), laiser *altered to* laisez *or* laisen (B), laises *altered to* laiseit (W) — 2350 dev'ez; *the abbreviation sign being added by the revisor* (SA) — 2353 C. les t.] ⌐q̄¬ Carles ⌐tent¬, *with* ⌐q̄¬ *in the margin directly before* Carles *and* tent *in a space left blank after this latter word* — 2359 l'o.] lolifan ensumet — 2365 en] ⌐recleimet¬ en; ⌐recleimet¬ *above the line* — 2378 tante⌐s¬ tere⌐s¬ — 2394 *The line is defective, four syllables not having been copied by the scribe.* V⁴'s *reading* (S. M. de la mer del perin) *is quite unsatisfactory* — 2397 *The beginning of the laisse is not indicated by a rubricated capital* — 2398 rence/s/ual/s/, *the first and second* s *being erased by the revisor* — 2400 ne al ⌐ne¬ ⌐illi¬ ⌐p¬lein; ⌐illi¬ *above the line,* ⌐ne¬ *and* ⌐p¬ *on an erasure* — 2412 p. e.] p. e⌐s¬ ma/i/er; ⌐s¬ *above the line, erased by revisor* — 2426 ve/d/e/i/r, *both erasures by the revisor* — 2427 qu'a. i ad] ⌐q̄¬ quasēz i ad; ⌐q̄¬ *in left-hand margin immediately before the beginning of the line. The titulus over the* e *was also inserted by the revisor* — 2429 or]ja — 2430 Cunse⌐l¬ez mei; *the* ⌐l¬ *stands between the vertical strokes of two short letters. These letters have been read by* SA *as* n *and* t, *the second leg of the first having been made into* l, *the first leg and the* t *erased. The revisor has also erased the last three letters of* dreiture — 2431 tolu⌐d¬, *with the* ⌐d¬ *made out of* e *by the revisor* — 2432 *Some editors read the proper name as* gebuun, *but* uin *is quite clear and the vertical stroke close up to the* b *probably represents a false start by the scribe* — 2439 voeil/./e. B *reads the erased letter as* l, *but it seems much too wide to be this.* W *and* SA *read it as* g — 2448 d. li reis en. *The repetition of* li reis *is awkward and the line hypermetric. The reading may thus be due to the replacement of some word in the text* (lors?) *by* li reis *from the previous line* — 2454 f.] fa ⌐udrad¬; ⌐udrad¬

above the line in place of an erasure — 2462 ⌈franc⌉ *following* /ferant/
(still legible) — 2471 Enu'ers — 2491 des] les — 2499 sasfret or
saffret? — 2516 morz /7/ sangenz, *the erasure probably by the
revisor, who no doubt thought that the scribe was trying to write* morz
sanz genz — 2539 F'uisez — 2563 u. v.] uers les altres; *v.* Introduction
p. x — 2584 *The* t *of* sert *was added above the line in the space between
this word and the next* — 2585 ses ceptre *is generally emended to* sun
sceptre; ceptre *is, however, a common spelling and the wrong case may
be due to the original author* — 2586 m.] ⌈les⌉ m.; ⌈les⌉ *above the line* —
2592 paismeisuns — 2601 li] le — 2632 h.] l⌈es⌉altes; ⌈es⌉ *above the
line. The letter before these two is probably not an* l *but the shaft of an* h
left unfinished by the scribe — 2641 *The proper names are interchanged
in the MS.* — 2667 n'alt] ainz — 2668 lo/d/ent, *the erasure probably by
the revisor* — 2681 C.] carl' — 2716 R. m.] E. rencesual⌈m⌉ua⌈u⌉es;
⌈m⌉ *above the line, the third* u *made out of* is. *It looks as though* mal
fell out by homoeoteleuton, and that the part of the word that was left
(uaises) *was modified to* muaues *by the revisor, who no doubt wanted to
write* maves (= mauvais) — 2764 c.] cuiget — 2773 v.] uu⌈o⌉l/ . . . /t;
⌈o⌉ *above the line, directly over the second* u. *In the space of 4 mm.
occupied by the erasure one can make out the faint outlines of a letter*
(e?) *and the top of an* i *immediately before the* t. ⌈uuolt⌉ *is written again
in the top margin of the folio* — 2785 l'ad e.] lad ench⌈ac⌉et; ⌈ac⌉
above the line — 2806 c⌈h⌉eu⌈a⌉lciez; ⌈h⌉ *and* ⌈a⌉ *above the line* —
2809 c.] ches — 2815 l'aün] ⌈launade⌉; u *above the line, the rest of the
word on an erasure. The reading in the text is conjectural* — 2816 est
munté, *omitted by the scribe, was added by the revisor at the end of the
line,* ⌈est⌉ *over* brun *and* ⌈munté⌉ *immediately following this latter
word* — 2819 des⌈cëduz⌉;⌈cëduz⌉ *on an erasure* — 2829 si·m] si m⌈e⌉;
⌈e⌉ *above the line;* se/d/ānt, *the erasure being due to the revisor, as well
as the titulus over the* a — 2832 *appears in the MS. as* teres tutes ici,
followed by an erasure, which SA *has read tentatively as* /car . . . uos/.
Above the line, over the erasure, the revisor wrote uos r(ed?) emas,
*words which he subsequently erased. On the line, after the original
erasure, occur the words* rengnes uos rēdemas, *the whole of which
passage (with the possible exception of* ren) *was added by the revisor.
The clumsy* Teres tutes *may well be a corruption for* T'estute Espaigne,
a reading supported by CV¹*'s* tote Espaigne. *Further, in all the colla-
teral versions, the line ends with the words* vos rent. *Taken in conjunc-
tion with the revisor's* rēdemas (=rent es mains?), *these facts suggest
that the reading of Digby's original was that given in the text* — 2835
sui] s⌈y⌉; ⌈y⌉ *made out of* ui *by the revisor* — 2840-4. *Most editors treat
these lines, which begin with a coloured initial, as part of the preceding
laisse, wrongly divided into two by the scribe* — 2843 De ures] De ⌈uns⌉;
⌈uns⌉ *above the line in place of an erasure,* De *retouched* — 2844 F.]
f⌈r⌉ant, *which* B *reads as* ferant, *but which was probably meant to be*
franc — 2845 l'a.] li a.; li *is almost certainly due to inattention on the
part of the scribe. Some emend to* matinet *and* clere albe, *on metrical
grounds. However, the fact that each hemistich is one syllable short
seems to indicate an intentional license of scansion* — 2849 Li r.
descent si — 2853 ve/d/eir; *the erasure due to the revisor* — 2855 C. e.]

c. uenuz — 2861 *The third word has been read as* vante/./ent (B) *and* vantt/./ent (W) — 2874 C.] ⌜li reis⌝ *following an erasure* (/Caril'/, SA) — 2879 p. l. b.] ⌜le piest suu's⌝, *words added to fill a blank left by the scribe.* V⁴ *has* le prende li cont entro ses braçe ambedo (= Si prent le conte entre ses bras amsdous). *Taken in conjunction with the Digby reading, this points to an original* Entre ses mains ansdous prent le barun, V⁴'s *source having inverted the order of the hemistiches in order to get rid of the abnormal cæsura* — 2883 T.] henri — 2885 n.] nevo⌜d⌝; ⌜d⌝ *on an erasure of approx. 6 mm.* — 2893 m.] ⌜les⌝ m.; ⌜les⌝ *above the line;* ·iiii· ·iii· (*obviously the result of scribal error*): *four barons are mentioned in the preceding* laisse, *and* V⁴ *has* quatro — 2901 n'ert j.] ⌜nert iủ ne⌝ *followed by what looks like* k' (= ke), *the whole inserted by the revisor on an erasure* — 2925 e.] ent'runt. *Some editors emend to* enc'runt (= encrerunt); *this word, however, hardly fits the context, since Charlemagne's woes begin, not increase, on Roland's death. On the other hand,* entrer ('*come in*', *of seasons*) *is a little unusual here* — 2928 *Both P and* V⁴ *supply* dulce *in the first hemistich, the former putting it before, and the latter after, the noun* — 2933-5 *Most editors emend in order to eliminate the masculine assonances. These may however be due to the original poet; v.* B Comm. 174-5 — 2935 ⌜en⌝ *above the line* — 2946 fo⌜r⌝t; ⌜r⌝ *above the line* — 2958 *Third word doubtful; it has been read as* timonie, timoine, timoiue, timome — 2963 *The dittography* (77) *is due to a hole in the MS., one 7 being written immediately before and one immediately after it* — 2964 sei *is uncertain:* W *reads* seai, *with a smudged out* — 2972 al c.] ⌜t'es ben⌝ *on an erasure* — 2980 s.] ⌜sñt⌝ *above the line* — 2982-6 *Most editors print these lines, which begin with a coloured initial, as part of the preceding laisse* — 2990 e.] ⌜muet⌝ *on an erasure; the original read by* SA *as* /est . . . . ./ *or* /esc . . . . ./ *and almost certainly* escunset (= V⁴'s asconde) — 3003 *The second hemistich is pointless and regarded by Bédier as corrupt* — 3004, 3025 t. ou] t. o⌜i⌝, *the second leg of the original* u *being erased by the revisor* — 3012 *Most editors emend* rendre *to* vendre. *Although* rendre cherement ('*requite dearly*') *is rare, it is not unknown and suits this context well; v.* B Comm. 232. *Bédier's recent preference for* vendre (Rom. LXIV 191) *is rather surprising* — 3019 F.] franc⌜ei⌝s; ⌜ei⌝ *above the line* — 3022 G. e Lorains] G. e. guinemans: *a patent corruption, induced by the name* Guineman *in* 3014. *For the correction, cf.* 3469 *and* V⁴'s Lorant — 3081 *The first letter is doubtful:* L *changed to* S *by the original scribe? The other versions have* Se — 3103 N.] niuuien; *the word appears to have been made out of an original* niniven. — 3110-20 *Editors generally print these lines, which begin with a coloured initial, as part of the preceding laisse* — 3126 p.] p.⌜ualees⌝; ⌜valees⌝ *above the line. Editors generally read* Ces parfunz vals. *The reading in the text, where* parfunz *is taken as a noun, avoids the suppression of* e *for metrical reasons and, at the same time, explains the revisor's addition* (parfunz *mistaken for an adj.*) — 3131 *Most editors read* li a dit; *the MS. reading is, however, certainly* ki *and the construction does not seem an impossible one* — 3141 saffret *or* sasfret — 3144 o.] ⌜or⌝ goill; ⌜or⌝ *above the line* — 3145 la] la ⌜spee⌝ ⌜spee⌝ *above the line. One or more lines have been omitted after this line; v.*

B*Comm*. 193 — 3148 c] c⌈h⌉evalers; ⌈h⌉ *above the line* — 3153 t.] tinel/s/ — 3157 f.] forc⌈h⌉eure; ⌈h⌉ *above the line* — 3167 ⌈pez i⌉ *above the line* — 3169 v/i/ent; i *erased by the revisor* — 3177 as] as⌈ces⌉; ⌈ces⌉ *above the line* — 3190-200 *Most editors print these lines, which begin with a coloured initial, as part of the preceding laisse* — 3191 *Second* ⌈mes⌉ *above the line over an erasure* (/uers/ (S*a*R), /meis/(W), /mes/). *If the erased word was* mes, *one can suppose that the revisor mistook* mes mes *for a dittography, cleared it by an erasure and then, realizing his mistake, wrote in the erased word above the line* — 3192 en unt f.] ⌈en uũt . .⌉ *on an erasure. V*⁴ *reads* n'a fat mult granz — 3224-36 *Editors generally print these lines, which begin with a coloured initial, as part of the preceding laisse* — 3224 t'erce — 3241 P. e.] p. 7 deps, *obviously contaminated by the previous line. Read* engrés *with C V*⁷? — 3246 le] la — 3252 a.] ad justedes — 3257 *Erasure between* de *and* Maruse (*room for six letters at most,* W) — 3269 Des c. — 3278 v.] uuc⌈g⌉et; ⌈g⌉ *on an erasure. Conjectures:* jugiee (*Müller and most early editors*), vencue (S*t*, *based on V*⁴*'s* trop ben la vinciron), nuncee (J, uuc- *taken as a misreading for* nũc) *and* vuee (H, *based on C V*⁷*'s* voee, *and taking* uuc· *for* uue) — 3298 i]l — 3303 Calun, *bar through* l *by the revisor, who also retouched the last two letters of the word* — 3318 *First* ⌈lur⌉ *above the line* — 3331 par — 3333 cume] ⌈s⌉cue, ⌈s⌉ *added between* t *of* tant *and* c *of* cue; *the revisor also erased the titulus over the* u — 3340 or ne] errer — 3342 T.] tencē⌈d⌉or; ⌈d⌉ *above the line. The titulus over the* e *was inserted by the revisor* — 3363 *The last two letters of* enseigne *are partially effaced and are followed by two indistinct strokes, neither of which extends above the line.* S*a and* B *read* li, W li; li *seems required by the sense* — 3365 s'e.] scscirient — 3367 g . . . .] g. iesnie — 3371 u.] u⌈un⌉s; ⌈un⌉ *above the line in place of an erasure between* u *and* s — 3375 v.] ⌈le⌉ v.; ⌈le⌉ *above the line* — 3390 *Most editors assume a missing line here: for a contrary view, v.* B *Comm*. 194, *whose argument in defence of the MS. does not however appeal to me* — 3395 *A word is missing between* la *and* nen. *V*⁴ *has* mort, PT nuit. *As* fins *here probably has the meaning 'truce' (cf.* M. K. Pope, *Medium Ævum* V 8), mort *is likely to be the correct reading* — 3397 *The* e *of* venud *is written above the line* — 3411 *The revisor erased the* l *of* filz — 3427 *First letter of* jalne *uncertain;* i *changed to* r (S*a*) *or* i *followed by a smudge* (W) ? — 3430 *Emend* brochot *to* brochet? — 3462 n'i] ⌈q̄⌉ ni; ⌈q̄⌉ *above the line, to avoid parataxis* — 3482 cez] cil — 3485 e.] escuz — 3493 t. vos] t. tes — 3494 *Most editors assume that a line is missing here; v.* B *Comm*. 176 — 3510 o.] oc⌈euud⌉; ⌈euud⌉ *above the line;* oc *has been retouched. The reading in the text is based on V*⁴ (otrie tute tamp), *P has* otrie lonc tens — 3529 ses = sis = si les (?); *or a corruption for* les (?) — 3531 O.] ⌈o⌉ger; ⌈o⌉ *above the line* — 3549 Ambure *is more likely to be a proper name (cf.* Amborres 3297) *than the pron. 'both'* — 3555 t. p. q.] turnent plus ·c·. *Most editors emend to* se cuntienent plus quei — 3574 se t.] se tre⌈beche⌉rent; ⌈beche⌉ *above the line in place of an erasure and the first three letters of the word retouched.* S*a reads the original as* se turnerent — 3584 pecerent — 3593 en fedeltet v. r. — 3603 *The first two letters of* fier *are effaced* — 3616 li gēme — 3648 t. en f.] ⌈cūfundue⌉ *on an erasure. The emend-*

*ation is based on V*⁴ (torrent en fuie) — 3651 n'ert] ⌐elle nest¬ *above
the line. The other versions have the future* — 3652 sa] ⌐od¬ sa; ⌐od¬ *above
the line* — 3659 Clers — 3666 c.] c. ⌐en¬; ⌐en¬ *above the line* — 3669 c.]
cuntredi⌐r¬e/t/ ⌐uoeillet¬; ⌐r¬ *above the line,* /t/ *erased by the revisor
and* ⌐uoeillet¬ *added at the end of the line* — 3670 p̄ndre, *almost certainly
a misspelling for* pendre. B's *recent attempt (Rom.* LXIV 175) *to defend
the MS. seems hardly justifiable. The word is obviously one of three
synonyms specifying the different ways in which the recalcitrant
Saracens are put to death* — 3679 *It is on the whole preferable to emend
the MS. reading* Mandet *to* montet, *the reading of the other versions* —
3684 *Lacuna after* de — 3708 *The line is metrically abnormal* (6 + 7)
and the assonance impure. The emendation dame *restores the assonance,
but still leaves the scansion abnormal, besides impairing the line from
the literary point of view* — 3710 a per *(crossed through) between* sa
and per — 3737 ⌐cil¬ *above the line in place of an erasure* — 3742 *The
beginning of a new laisse is here not indicated by a coloured initial* —
3774 guar⌐isū¬; ⌐isū¬ *added to fill a lacuna* — 3781 *Several letters
erased after* ensemble; SA R *reads the erased letters as* /od 1/ — 3786-92
*These lines are generally printed as part of the preceding laisse. They
begin with a coloured initial* — 3786 *After* vos *a space was left blank and*
ami *written in later (by the scribe?). The word may thus represent the
relic of an original* ai ma fiance — 3787 d.c.] d. calunie; *the assonance
requires* ẽ, *and the original almost certainly had* calenge — 3790
empe; asemblert; le⌐s¬, *with* s *above the line* — 3791 Alb/./arant —
3804 or] aa; aa *is probably a corruption due to a slip down to* 3805,
induced by the presence of or *in* l. 3804 *directly under the* or *of* l. 3803 —
3812 c. b.] gerun ; *the unintelligible* gerun *probably arises from the
conflation of the* ge- *of* gentilz, *with the last syllable of a word ending in*
-run, *almost certainly* barun — 3818 *The name was left blank by the scribe*
— 3832 *The scribe, instead of copying the second hemistich of this line,
passed on directly to* l. 3833 *and wrote this on the same line* — 3848
recrrai, *probably a mistake for* rec'rrai = recrerrai — 3858 j.] iustez —
3919 D. le f. li ad faite descendre, *an obvious anticipation of the second
hemistich of the next line* — 3920 Emmi *is* SA's *reading; the first two
letters of the word are effaced. Earlier critics* (B, ST) *read* Parmi — 3922
d.] del dos — 3936 quarante *is generally emended to* i ad quatre. *In
support of the emendation, it is pointed out that* quarante *gives an
impure assonance and that further only four barons are mentioned in* ll.
3937-8, *which appear to be in apposition with* l. 3936. *But an impure
assonance is not necessarily evidence of corruption and the poet may have
intended Charlemagne to appear with forty barons, among whom are the
four mentioned by name. Alternatively it is possible that a line has
fallen out after* l. 3938 — 3956 plus] el — 3983 *The line is metrically
abnormal* (3 + 5), cruiz *almost certainly a corruption and* linees
possibly a mistake for alignees *('well-formed')* — 3984 *The right-hand
top corner of the folio has been torn off; the MS. has been mended by
the addition of a large triangular strip of parchment. The last word of
the line has disappeared in the process, except for the first letter and the
vertical stroke which follows it* — 3986 Truuee — 3995 *The final* e *of*
Bire *is effaced* —.

GLOSSARY

The glossary is selective. When words or meanings occur several times, only selected references are given. The letter (*h*) is placed at the end of an article to indicate a *hapax legomenon*. When the infinitive is not followed immediately by a line-reference, it is an indication that the form of the infinitive is not actually found in the text. Words which can be readily identified with Modern French words having the same meaning have been omitted. Only those variant forms of nouns and verbs have been listed which might cause the beginner difficulty, and only selected variant spellings have been given. The following orthographical variations should be noted :—

> *ch—c* (*Charles—Carles*)
> *c—k, ch, qu* (*car—kar; ki—chi—qui*)
> *o—u* (*flors—flurs; lor—lur*)
> *ui—oi* (*ui—oi*)
> *ue—oe* (*quer—coer; estoet*); only *ue* after *q*
> *h— -* (*hui—ui*)
> *ain—ein* (*remainent—remeines*)
> *an—en* in pretonic position (*enprés—anprés*)
> *i- —y-* (*imagene—ymagene*)

aates, *adj.* swift 1490, 3876.

abanduner, *v.a.* give up; *a. le frein* give a horse its head 1536; *v.refl.* offer battle 928, 3082; expose oneself 390; *vos est abandunant* lies open to you 1522.

abatre; *pft. 3* abatiéd 98: *v.a.* throw down 98; strike down 1204, 1375, 3364.

abez, *sm. pl.* abbots 2955.

achiminer, *v.n.* set out, travel 365, 702.

acoillir, *v.a.* overtake 689; take hold of (?) 3967.

acraventer, *v.a.* shatter, throw down 1955, 3923.

acuminjer, *v.a.* give communion to 3860.

acunter 534, *v.a.* recount 534, 1038; count 1034.

ademplir 309, *v.a.* carry out (an order).

adenz, *adv.* face downwards 1657, 2025, 2358.

adeser; *pr. 3* adeiset 981; *subj. 3.* adeist 2436, *v.a.* touch 1997, 2159, 3572; (+*a*) approach 2436, 2437, gather (of dew) 981.

adestrer, *v a.* stand or walk at one's right hand (as a mark of respect) 2648.

adub, *sm.* equipment 1808.

aduber 3139, *v.a.* equip, arm; *v.refl.* arm oneself 1793, 3134; *li adubez* those in full armour 2470, 2777; *lances adubees* lances decked (i.e. ornamented with pennons) 713.

aduree, *adj.f.* hard, stubborn (of a battle) 1396, 1460, 3304.

afaiter, *v.a.* smooth (the moustache) 215.

afermer, *v.a.* make firm; fix, fasten 2033.

afflictïun, *sf.* self abasement before God; *par grant a.* in great humility 3272.

afiancer 41, *v.a.* provide with a pledge.

aficheement, *adv.* resolutely 3117.

aficher, *v.refl.* firmly resolve 2665; *bataille afichee* stubborn battle 3393.

afiler, *v.refl.* trickle down 1665.

afiner, *v.a.* finish off 1465, 3914.

ageter; *subj. 3* **agiet** 2545: *v.refl.* swoop (of birds of prey).

agiez; v. **algier**.

agreger, *v.n.* grow more grievouᵉ 2206.

agut, *adj.* pointed 1954; sharp 1573; steep 2367.

ahan, *sm.* toil, physical pain caused by great effort 267, 864, 1761, 2524; exquisite suffering, pain 2474, 3963.

aider 26; *pr. 3* **aiuet** 3657; *imper. 2* **aiue** 2303, **aïe** 1906, *5* **aiez** 3641; *subj. 3* **aiut** 781, **aït** 1865; *v.* (generally +*a* 781, 2044, 2546, etc.) help; support, uphold (as a feudal duty 26, 364, or of divine upholding 1906, 3358).

aïe, *sf.* aid 1670, 1732.

aïr, *sm.* violence 722.

aire, *sm.* lineage; *de put a.* of vile birth 763; *de bon a.* of noble birth 2252.

ais; v. **as**.

ait (= **hait** pleasure (?)); *brocher (poindre) ad a.* spur on with zest (?) 1184, 1381, 1802.

aitre, *sm.* parvis, open space before the west door of a cathedral 1750.

aiude, *sf.* aid 1336.

aiue, aiuet aiut; v. **aider**.

ajurnee, *sf.* daybreak 715, 3731.

ajurner, *v.n.* dawn (of the day) 2147.

ajuster, *v.a.* assemble (an army) 851; form up (the divisions of an army) 3024; bring together in battle 1187, 3562; *v.n.* join battle 1169; **ajustee** joined (of battle) 1461, 3322, 3394.

aleine, *sf.* breath, blast (of a horn) 1789.

aler 254; *pr. 1* **vois** 270, *3* **vait** 311; *subj. 1* **alge** 187, *3* **alt** 2034, **alge** 1496, *5* **algez** 2673: *v.n.* go; *a.* + pres. part. keep on, are 2461, etc.; *a. desure* get the upper hand 927; *pur qu'alez arestant* why are you lagging? 1783; *quel part qu'il alt* wherever he goes 2034; *ki encontre lui alge* who can go better than he 1496; *malement vait* it is going badly 2106.

algalife, *sm.* caliph 493, 505.

alge, algez; v. **aler**.

algier 439, **algeir** 442, **agiez** 2075, *sm.* a species of javelin.

alïer, *v.refl.* assemble 990; rally 1480.

almaçur, *sm.* a Mahometan title of honour 849, 909.

alne, *sf.* ell 2400.

alosez, *p.p.* used as *adj.* far-famed 898.

alquanz 683, *f.* **alquantes** 2611, *pron.* some 983, 1348.

alques, *adv.* somewhat 3821; (governing a verb) a little 2283, a little longer 3459; *veez en a.* jus̃t look at them 1099; *aperceivre a.* begin to realize 3553; *a. de* (+noun) a littlᵉ 206, 513.

alt; v. **aler.**

altaigne, *adj.* high, proud 3.

altisme, *adj.* high 2708.

altre, *pron. & adj.* other 420, etc.; v. **mot** and **part.**

altrer, *adv.* the other day 3185.

altresi, *adv.; a ... cume* as ... as 3521, likewise 3491.

altretant, *pron.* as many 3198; *adv.* as much 2559.

altretel, *pron.* the same 653, 3123.

alüer, *v.a.* place 2941.

alve, *sf.* saddle-bow 1648, 3881.

ambedui 1094, **ambdui** 259, **ansdous** 2011, *acc.* **ambsdous** 1711, **ansdous** 1355, **ambesdous** 2552, *fem.* **amsdous** 2240, 2906, **ambesdous** 2015, *pron. & adj.* both, two.

ambes, *adj. f.* both 419, 2931.

ambure, *pron.* both 1589, 1650; v. Index.

amendise, *sf.* reparation 517.

amener 89; *subj. 3* **amein** 2760: *v.a.* lead 89, 678, 2783.

ametistes, *sf. pl.* amethysts 1500.

amirafles; v. **amurafle.**

amiraill, *sm.* emir 2615, 2747, 3429.

amistiét, *sf.* friendship 620, 1530; *pl.* marks of friendship, friendly gifts (?) 29.

amsdous; v. **ambedui.**

amunt, *adv.* up, upwards 1103, 2231, 2692; high 1995; upstream 2642; *guarder aval e a.* look up and down 2235; *cuntre ciel a.* 2341, *a. envers le c.* heavenward **2532,** *la sus a.* aloft 2634.

amur, *sf.* love, esp. the love and 'kindness' existing between vassal and lord; *par a. e par ben* 121, *par a. e par feid* 86 in love and loyalty; *par sue a.* for love of him 3123.

amurafle, *sm.* a Mahometan title of honour 850, 894, 1269.

anceisurs, *sm. pl.* ancestors 3177; *par a.* by hereditary right 3826.

angoisser, *v.a.* press in upon 2010, 2232; pursue closely 3634; *v.n.* be in distress 2575.

anguisables, *adj.* causing a feeling of distress 3126: distressed 280, 3444.

anguissus, *adj.* in distress 823, 2198, 2880.

anoel, *adj.* annual, high (of a feast); *feste a.* high feast, one of the four great feasts—Christmas, Easter, Whitsuntide, All Saints' 2860.

anprés; v. **enprés.**

ansdous; v. **ambedui.**

ansguarde, *sf.* vanguard 748.

antiquitét, *sf.*; *d'a.* of great age 2615.

anuit, *adv.* last night 2758.

aoi, *interj.* v. J. 9, *n.*

aort; v. **aürer.**

apareiller *v.a.* get ready 643, 1144, 2535.

apareir; *pr. 3* **apert** 737; *p.p.* **apareüt** 2037: *v.n.* appear 1779, 3675.

aparissant, *pres. p.* of **aparir,** *v.n.* appear 1779.

apendre, *v.n.* depend upon 2833.

aperceivre, *v.refl.* regain corsciousness 2035, 2283; become aware 3553.

apert; v. **apareir.**

apostle, *sm.* apostle 2255; pope 2998.

apresenter, *v.a.* present 3597.

aprof, *adv.* afterwards 1620.

aproismer 2073, *v.a.* approach 661, 2073; *v.n.* 2692; *v.refl.* 468.

aquisez, *p.p.* put to silence 263.

aquiter 492, *v.a.* discharge (a debt); redeem 869; *de mun cors voeil a. la vie* I will redeem the life of my body (I will save my life) 492.

araisuner, *v.a.* address an argument to, exhort 3536.

arcbaleste, *sf.* arbalest, crossbow 2265.

ardeir 3670, *v.a. & n.* burn 1501, 2537, 3670.

arester; *p.p.f.* **aresteüe** 1332: *v.n. & refl.* stop 1332, 1783.

argüer, *v. refl.* be eager for 992.

armez, *p.p.pl.* used as *sm.* armed men 682.

arrement, *sm.* ink 1933.

artimal, *sm.* sorcery 1392.

arunde, *sf.* swallow 1535.

arz, *sf. pl.* arts; *de males a.* crafty, base 886.

as, *interj.* see, behold; *as vus* now see 1187, 2009; *as li* behold to him (i.e. now there appears to him, now he sees) 2452, 3495, 3818.

asaillir; *pr. 1* asaill 987, *3* asalt 729; *subj. 3* assaillet 1498; *fut. 4* asaldrum 947: *v.a.* assail.

asconse, *sf.* concealment, ambush 3293.

aseger 476, *v.a.* besiege.

aseoir; *pr. 3* asiét 2654: *v.refl.* sit 452, 2654; *v.a.* besiege 3997.

aserir, *v.impers.* grow dark 717, 3658, 3991.

asez, *adv.* enough, too much, too long, very much, very long, very 44, 1239, 1743, 3795.

asmer, *v.n.* aim at, try to 454.

asoldre; *p.p.* asols 340: *v.a.* assoil, give absolution to 340 1133.

asolue, *p.p.f.* of **asoldre** used as *adj.* blessed 2311.

asoürer, *v.refl.* to make sure of one's safety; hang back, be a laggard 1321.

astenir 2891, *v.refl.* refrain from.

atalenter, *v.a.* be to one's liking 3001.

atant; v. tant.

atarger, *v.refl.* wait for 368.

ateindre; *subj. 3* ateignet 9: *v.a.* reach 9, overtake 2461.

atraire 2256, *v.a.* attract, win over.

aün, *sm.* assembling 2815 (h); v. Notes and Variants.

aürer 429; *subj. 3* aort 854: *v.a.* adore.

avaler, *v.n.* come down 730, 1037.

avant, *adv.* forward 2231; before 2858; (+ verb) forth, forward; *venir a.* come forward, draw near 319, 943, 3379; *passer a.* ride forward 3210; *amener a.* bring out 3964; *parler a.* speak out (or, speak first (?)) 2656.

aveir 565; *subj. 4* aiuns 60; *impf. 4* avïum 1547; *fut. 1* avrai 329; *condit. 4* avriumes 391; *pft. 1* oi 1366, *3* out 26, ot 1569, 4 oümes 2178, *6* ourent 1411; *past subj. 1* oüsse 691, *3* oüst 899, 4 oüssum 1102, oüsum 1717, *6* oüssent 688; *p.p.* oüt 864, oüd 267; *v.a.* have.

aveir, *sm.* wealth 127, 458, 639, 1148, 3803, 3894.

avenanz, *pres.p.* of **avenir** used as *adj.* becoming 1154.

avenir, *v.n.* (+a) befall, come to 335, 836; *impers.* be fitting for 456 (v. **suffrir**); *a.* ben (or *belement*) *a* turn out well for 1686, 3500.

averse, *adj.f.* hostile to God; *gent a.* infidel race 2630, 2922, 3295.

averser, *sm.* devil 1553, 2543.

avisïun, *sf.* vision 725, 2529, 2555.

avoëz, *p.p.* of **avoër** used as *sm.* one on whom one calls for protection, overlord 136,153.

bacheler, *sm.* young warrior 113, 3020, 3197.

bailler, *v.a.* touch, lay hands on 3446.

baillie, *sf.* possession, power; *en sa b.* in his keeping 488, 1917, 2711.

baillir, *v.a.* control 2349 (or = **bailler** take up, wield?); **mal-baillit** *p.p.* ill-fated; *mal estes b.* you are ill-fated 3497; *mal nos avez b.* you have done us an evil turn 453.

baldur, *sf.* jubilation 3682; ardour 2902.

balïer, *v.n.* float, flutter 976.

balz, *adj*, jubilant 96.

bandun, *sm.*; *se metti• en b.* expose oneself freely, offer battle 1220; *en lur b.* at their mercy 2703.

banir, *v.a.* summon by proclamation; *ost banide* feudal levies 211, 1469.

barnage, *sm.* baronage, barons 1349; knighthood, courage 535, 1983; knightly pomp 3944.

barnét, *sm.* baronage, barons 536, 1061; knighthood, courage 899.

barun; v. ber.

bastuncel, *sm.* rod 2679, 2868.

batu, *p.p.* of **batre**; *b. a or* ornamented with beaten gold 1331, 1595.

beivre; *p.p.* boüd 2473: *v.a.* drink.

beltét, *sf.* beauty 957.

ben 34, **bien** 108, *adv.* well 34; *sm.* good 2140, 3681; *a b.* well 519; *b. ait* blessed be 1349.

beneïçun, *sf.* blessing, benediction 2194, 2245.

beneïr; *pft. 3* **beneïst** 1137: *v.a.* bless 2017, 3066, 3667.

ber, *acc. sing.* **barun** 275, *sm.* baron, high noble 180, 244, 3936; one having the qualities of a baron, man of valour, noble man 125, 430, 1226; *adj.* valiant 531, 648, 2415; good (an epithet applied to saints) 2096, 3685, 3746; *colp de b.* warrior's blow, doughty blow 1280.

besanz, *sm.* bezant 132.

bien; v. ben.

bise, *adj. f.* dark 815, 2300, 2338.

blanc, *adj.* white 2250; shining 1022, 1042, 1946.

blancheier 261, *v.n.* be white.

blecer, *v.a.* harm, cut up (of an army) 590; *est blecét* is in difficulties 1848.

blesmir, *v.a.* blanch; knock about (of an army) 590.

blialt, *sm.* under-tunic 282, 2172.

bloi, *adj.* blue (?), light-yellow (?) 12, 999, 1621: the word (? <Germ. * blaudhi) may first have meant 'livid' and so acquired the meanings 'blue' and 'yellow' in OF.

bon, *adj.* good 359, 887, 1542; brave 1080, 1097.

bontét, *sf.* goodness, nobility 533; worth, potency 2507.

bosuign, *sm.* need; *aveir b. de* have need of 1670, be urgently engaged in 1366.

boüd; v. beivre.

brace, *sf.* embrace, two arms 1343, 1721, 3939.

braire 3487, *v.n.* howl (of human beings in pain) 3487; roar (as of wild beasts) 3526.

brandir 1249, *v.a.* brandish 722, 1552; *faire b.* brandish 2992; *b. sun colp* lift one's sword on high 1552, 1957; *faire b. le cors* send toppling 1203; *mort le fait b.* sends toppling to his death 1249.

branler, *v.n.* flourish 3327.

branlir, *v.a.* brandish 499.

brant, *sm.* brand, sword-blade 1067, 3434, 3791.

bref, *sm.* letter 341, 483, 487; record 1684.

bricun, *sm.* fool 220.

brocher, *v.a. & n.* spur 1197, 1290, 1381.

brohun, *sm.* bear-cub 2557.

bronie, *sf.* byrnie (leather tunic, on which are sewn plates or rings of metal) 1372, 1538, 2572.

bruill, *sm.* coppice 714.

brunisant, *adj.* burnished 1654.

brunur, *sf.* glint of burnished metal 1021.

buc, *sm.* trunk 3289.

bucle, *sf.* boss 1263, 1283, 3150.

bucler, *adj.*; *escut b.* buckler 526, 1968.

büele, *sf.* bowels 2247.

buillir, *v.a.* boil, bubble; gush out 2248.

buisine, *sf.* trumpet 1468, 3138, 3523.

bundir, *v.n.* boom 3119.

burc, *sm.* town 973.

burgeis, *sm.* townsman 2691.

buter, *v.a.* thrust, push, 641, 2173, 2590.

ça, *adv.* here 374, 2131; there 1784.

caables 237, cadables 98, *sf.pl.* catapults.

cadeir 578, caeir 3453, caïr 3486, chaïr 2034; *pr. 3* chiet 1552, ´chet 981, *6* chiedent 1426, cheent 1981; *subj. 3* chedet 769, cheet 1064; *pft. 3* caït 333; *past subj. 3* caïst 764; *p.p.* caeit 2269, chaeit 2231, caüt 3608, caiuz 2296: *v.n.* fall.

cadeler, *v.a.* lead, captain 936, 2927.

caeignables, *adj.* that can be lead on a chain, trained 183.

caeignun, *sm.* iron collar 1826.

caïst, caït; v. cadeir.

caitif, *adj.* wretched 2596; captive 3673, 3978; (as *voc.*) unhappy wretch 2698.

caiuz; v. cadeir.

calant, *sm.* lighter 2467, 2647, 2728.

caleir; *pr. 3* calt 1405, chalt 227, chelt 2411: *v.impers.* matter to 227; *de ço qui calt?* who cares? 1405, 1806, 3339.

calenge, *sf.* accusation 3787.

calenger, *v.a.* maintain or oppose a claim; challenge 3592; defend 1926.

calunjer, *v.a.* challenge 3376.

calz; v. chald.

cambre, *sf.* chamber (the apartment in a castle set apart for the use of the lord) 2593, 2709, 3992; territory under the immediate jurisdiction of a prince, the revenues of which are appropriated to his personal use 2332; city serving as a royal residence, royal city (?) 2910.

campel, *adj.*; *bataille c.* battle in the open field 3147.

campïuns, *sm.* champion 2244.

cançun, *sf.* song 1914; *male c.* scurrilous song 1456.

canonie, *sm.* canon 2956, 3637.

canut, *adj.* white (of the hair) white-haired 503, 538, 2308, 3654.

cape, *sf.* cope; *c. del ciel* vault of heaven 545.

capelers, *sm.* part of the hauberk that protects the head, hood 3435.

capleier, *v.n.* hew, hack 3462.

capler 1681, *v.n.* hew, hack 1347, 1681, 3475.

caples, *sm.* sword-play; general hand-to-hand engagement 1109, 1678, 3380.

car, carn, *sf.*; v. char.

car 278; quar 470; *conj.* for 278, 1724, 2844; *adv.* (used to strengthen an *imper.*) now 275, 1059, 3902.

carbuncle, *sm.* carbuncle (the stone) 1326, 1501, 2633.

carïer, 33, 131, *v.a.* cart away.

carnel, *adj.* of flesh and blood 2153.

carnel 2949, carner 2954, *sm.* charnel-house 2949.

carre, *s.pl.* cartloads 33, 13 186.

cartre 1684, chartre 2097, *sf.* charter.

castïer 1739, *v.a.* rebuke.

cataigne 1846, cataignie 2320, catanie 3709, *sm.* captain.

caüt; v. cadeir.

ceindre; *pr. 6* ceignent 997, ceinent 3866; *pft. 3* ceinst 2321: *v.a.* gird on.

cengle, *sf.* saddlegirth 3573, 3880.

cercer 3661, *v.a.* search 2185, 3661.

certeine, *adj. f.*; *la tere c.* firm ground, flat ground 856 (or, according to some editors, = **Certeine**, Cerdagne).

cesser 2639, *v.n.* give up.

chaeines 2557, **caeines** 3735, *sf. pl.* chains.

chaïr; v. cadeir.

chalcer 2678, *v.a.* put on (gloves) 2678, (spurs) 3863.

chald 2100, **calz** 3633, *adj.* warm 960; *sm.* heat 1011, 1118.

chalengement, *sm.*; *mettre en c.* challenge possession of 394.

chalt; v. caleir.

char 1119, **charn** 1265, **car** 2141, **carn** 3606, *sf.* flesh.

chedet, cheet, cheent; v. cadeir.

chef, *sm.* head 44, 117, 2809; *el premier c.* right in front 3018, 3195.

chelt; v. caleir.

chere, *sf.* countenance 3645, 3816.

chet; v. cadeir.

chevage, *sm.* poll-tax 373; v. J, *n.*

chevaler, *sm.* knight 99, 2418, 3890; *de vasselage fut asez c.* very knightly in his valour 25.

chevalerie, *sf.* chivalrous exploit 594; knightly valour 960; *par c.* in knightly fashion 3074.

chevalerus, *adj.* knightly 3176.

chevoel 976, **chevels** 2347; *sm. pl.* hair 2596 etc.

chi, *v.* qui and note to *l.* 836.

chiedent, chiet; v. cadeir.

chrestïentét, *sf.* Christianity, Christian faith 431, 686, 2620, 3598.

ci 308, **ici** 1697, *adv.* here 1922, 2735 etc.

ciclatuns, *sm.* silken cloth ornamented with threads of gold 846

cil 644, **icil** 618, **cel** 1484, 1789; *acc. sing.* **cel** 1669, **icel** 1845.

celoi 1803, **celui** 427; *nom.pl.* **cil** 942, **icil** 1823, **cels** 2143, **icels** 3796; *acc.pl.* **cels** 2976, **icels** 2094; *fem.sing.* **cele** 958, **icele** 979; *fem.pl.* **celes** 3941; *neut.sing.* **cel** 1779, **icel** 2555: *adj. & pron.* that, those, that man, those men.

cist 743, **icist** 3343, **cest** 3717; *acc.sing.* **cest** 17, 83, **icest** 1180; *nom.pl.* **cist** 1212, **icist** 1023, **cez** 2538; *acc.pl.* **cez** 1663; *fem.sing.* **ceste** 35, 47; *fem.pl.* **cez** 145, **icez** 3024; *adj. & pron.* this, these.

clamer 352, *v.a.* call, describe as, 1534, 2032, 3197; *v.refl.* declare oneself 1651, 2596, 3817; *se c. par* call upon, claim protection from 1565; *c. sa culpe* say one's *mea culpa* aloud 1132, 2364; *c. quite* absolve 3800, 3809, (+ *de*) renounce all claim upon 2748, 2787.

cliner, *v.n.* bow 2008; bow down 3727.

ço 73, **ce** 984, 1006, 1768, **iço** 1082, *demon. pron. neut.* this 73, 1774; *ço dit* this says, this he says 147, 314, 1252; *ço quid* methinks 150; *ço crei* it seems to me 575, 1006; *por ço que* because 324, 2102, (+subj.) so that 1004; *ço i ad* there is 1427; *nel di por ço* nevertheless 591.

coer 317, **quer** 2356, **quers** 2965, *sm.* heart 1107, 1278; *par c.* from the heart, deeply 1447.

coife, *sf.* coif, the cap worn under the helmet 1327, 3436.

coillir, *v.a.* pick, seize; *c. en haür* conceive a hatred for 3771.

colp, *sm.* blow 866, 1395, 3401; *le c. de Rollant* the first blow against Roland 866; *le c. vos en demant* I ask you for the right to strike the first blow 3200; *ferir a c.* strike a blow at 3840

comandét, *p.p.* used as *sm.* one who has commended himself to an overlord; *vostre c.* your vassal 696.

conoisance, *sf.* knowledge; *pl.* cognizances (distinctive colours or emblems on the shield permitting the owner to be identified) 3090; *par veire c.* by knowledge of the truth 3987.

consoüt, *p.p.* of **consivre,** *v.a.* follow up, strike down 2372.

contenement, *sm.* bearing 1641.

contraire, *s.* opposition, quarrel 290.

conuistre 530; *pres. 3* **conuist** 2524, 3566; *pft. 3* **conut** 2875: *v.a.* get to know 530, 2524; recognize 3566; recognize, admit 3409; *de vasselage te conoissent ti per* you are known to your peers for your bravery 3901.

copiez, *adj.* hollowed 1491.

corner 1742, *v.a.* sound 1702; *v.n.* sound the horn 1780, 2111; *sm.* the sounding of the horn 1742, 2108.

corone, *sf.* crown 930, 2684, 3538; tonsure 3639.

coronét, *adj.* shaven, tonsured 2956; *sm.* priest, shaveling 1606.

cors, *sm.* body 1266 etc.; person 729; used periphrastically: *le c. Rollant = Rollant* 613, *tun c.* you 1984; *conduire sun c.* 892, *guier sun c.* 901 *= se conduire, se guier; traveiller sun c. par* toil through 540; *de sun c.* by physical prowess 1607; *deveir gueredun de sun c.* be under a personal obligation 3410.

costeïr 2962, *v.a.* prepare for burial.

costét, *sm.* side (of the body) 1066, 1315, 1506.

cous, *sm. pl.* cooks 1817.

craventer, *v.a.* overthrow 3549; *v.n.* break down, collapse 1430.

creire 987; *past subj. 5* **creïsez** 1728; *v.a. & n.* believe 196, 575, 2753; be beholden to (?) 3406, 3458; *ne faz jo que c.* I do not deserve credence 987.

crembre; *pr. 3* **crent** 549, **creint** 2740; *fut. 5* **crendrez** 791: *v.a.* fear 257, 562.

crier 2510, *v.a. & n.* cry out 1793, 2695; cry out for 3998.

crignels, *sm. pl.* hair 2906.

crignete, *sf.* mane (?) 1494.

criminel, *adj. la gent c.* impious race 2456.

croce, *sf.* crozier 1509.

croller, *v.a.* shake 442, 722.

cruisier, *v.a.* cross 2250.

cruisir, *v.n.* grate, crunch 2313, 2340, 2540.

cruiz, *sf.* cross 2504.

crute, *sf.* crypt, vaulted chamber 2580.

cuarder, *v.refl.* behave like a coward, turn coward 1107.

cuardie, *sf.* cowardice 2351, 2602.

cue, *sf.* tail 1494.

cuignees, *sf. pl.* hachets 3663.

culcher; *subj. 3* **culzt** 2682: *v.refl.* lie down 12, 2175, 3992.

culpe, *sf.* sin, fault 1132, 2014, 2369; v. **vertuz** and **clamer**.

culumbe, *sf.* column 2586.

culvert, *sm.* serf; ignoble wretch 763, 1207, 1253.

cum 210, **cun** 2435, **cume** 3162, *adv. & conj.* as 1874, 3153, 427; how! 1696, how? 1698; *si c., issi c.* as 1874, 2435; *si .. c., ensement ... c., altresi ... c.* as ... as 1888, 3173, 3319.

cumander, *v.a.* commend 1817, 2253, 2815, 3694; *v.a. & n.* command 273, 328, 1138; *li cumandet a guarder* puts in his keeping 2527.

cumfaitement, *adv.* how? 581, 1699.

cumpaiġn 1051, **cumpainz** 324, *acc. sing.* **cumpaiġnun** 1020, *sm.* companion 858, 1256, 1994; *c. de la quisine* scullion 1821.

cumpaiġne, *sf.* company 827, 912, 1087, 1849; battalion, body of troops 1757, 3034, 3324, 3346, 3383, 3525; *pl.* gathering, company 3984.

cumpaiġnie, *sf.* company 587; association, fellowship 1735; battalion, body of troops 1471.

cumparer; *subj. 3* **cumpert** 1635; *p.p.f.* **cumparee** 449: *v.a.* pay for; *ki quel cumpert* whoever suffers for it 1635.

cumune, *adj. fem.* general 1320.

cumunel, *adj.*; *tuit en sunt c.* all act together 2446.

cumunement, *adv.* all together 1416, 1838, 3416.

cunduire 945, *pft. 3* **conduist** 1315, **cundoist** 1392, *6* **cunduistrent** 685: *v.a.* lead 46, 527, 3689; aim, guide (a sword or lance); *c. sun cors* betake oneself 892, 3370; 1315.

cunfés, *adj.* used as *p.p.* confessed 3859.

cunfundre 17, *v.a.* confound, destroy 17, 2583, 3640.

cungiéd, *sm.* permission, leave 2177; *prendre c.* take one's leave 2764; *doner le c.* give leave to depart 337.

cunquerre 2920, *v.a.* conquer 988, 2322, 2751.

cunquerrantment, *adv.* as a conqueror 2867.

cunreer 343, *v.a.* see to 161; *v.refl.* fit out 343.

cunreid, *sm.* provision 2493.

cunseill, *sm.* council 62, 78, 179; counsel 2750, 3510; decision, plan 604; *a c.* privately 3454; *prendre (un) c.* take advice 205, make up one's mind 3590; *tenir c.* take counsel 3761, consider the matter

3896; *aler a c.* go into council 3793; *sun c. finer* end his deliberations, get definite advice 166.

cunseiller 2212, *v a.* counsel 20, 2668; aid 2212

cunsentir, *v.a.* grant, send 1632, 2430, 3013.

cunte; v. **quens.**

cunte, *sm.* count; *par c.* by count, by tale 3078.

cuntenance, *sf.* bearing 3006, 3086; *en faire la c.* conceal one's emotion (?) 830.

cuntenant, *sm.* bearing 118; *de bon c.* of noble mien 3116.

cuntencer, *v.n.* strive, exert oneself; *qui del curre c.* exerts himself in running, puts forth his full speed 1634.

cuntençun, *sf.* rivalry, zeal; *par mult grant c.* with great zeal (?), each striving to outdo his fellow(?) 855.

cuntenir, *v.refl.* bear oneself 3797.

cunter 68, *v.a.* recount, set forth 68; count 2759.

cuntraliër, *v.refl.* quarrel 1741.

cuntrariër 1737, *v.n.* quarrel.

cuntrarïus, *adj.* mocking, insulting 1222.

cuntre, *prep.* against 2174, 2244, 2317; compared with 1930; (in approximations) round-about 1431, about 444; *c. munt* on high 419.

cuntredire 195, *v.a.* contradict, oppose 195, 3669; *la contredite gent* unbelieving race, infidel race 1932.

cuntrester 2511, *v.refl.* withstand.

cuntreval, *adv.* towards the ground; *turner c.* send falling to the ground 1264, *cheeir c.* fall to the ground 1267; downstream 2472.

cuntrevaleir, *v.a.* be of equal worth with 1984.

GLOSSARY 139

cuntur, *sm.* a medieval title of nobility 850.

curage, *sm.* heart, disposition 56, 256; heart (as seat of one's inmost thoughts and designs) 191, 650; spirit 375; heart (as seat of feelings) 2803.

curaille, *sf.* midriff 1271.

curant, *pres.p.* swift 1142, 1490, 2225.

cure, *sf.* care; *n'aveir c. de* not to worry about, scorn 293, 1170, 1361; be no longer in charge of 2305.

curre 1197, *v.n.* run 890, 1634, 2277; *laisser c.* charge 1197; *ki puisset c. a lui* who can race with him, run faster 1596.

curs, *sm.*; *pleins c.* at full speed 2878.

curuçus, *adj.* angry 1813, 1835, 2164.

cuvenir, *v.impers.* behove 192.

dam 3806, danz 1367, 3546, *sm.* Sir, Lord (a title of respect used in speaking of third persons).

damage, *sm.* harm, loss 1102, 1340, 1885.

dame, *sf.* lady (the wife of a high baron) 957, 1960, 3983.

Damnedeu (= Dominus Deus), *sm.* Lord 358 etc.; *ne placet D.* God forbid 358; *mi d.* my gods 3492.

darere, *adv.* behind 3317.

darz, *sm. pl.* darts 2075, 2155.

de, *prep.* of 42; from 1137; concerning, as regards, for 1144, 1544, 2483; (in enumerations) as regards, namely 100.

decadeir; *pr. 6* decheent 1628; *fut. 3* decarrat 2902; *v.n.* weaken, fail.

decliner 2447, *v.n.* draw to a close (of the day) 2447; set out, relate (?) 4002.

dedenz, *adv. & prep.* inside 1776, 3572.

dedesuz, *prep.* underneath 2081, 2705, 3873.

dedevant, *prep.* in front of 2181, 2192, 2576; *adv.* in front 2465.

defaillir; *pr. 3* defalt 1735, 2107: *v.n.* fail, be missing.

defendre 3785, *v.a.* protect 1398, 2749, 3100; prohibit 2438; *ses armes d.* defend oneself, fight 3785.

defenir 2889, *v.a.* finish off.

defension, *sf.* defence, resistance 1887.

definement, *sm.* end of the world, the Judgement Day 1434.

defors, *prep.* outside of 2247.

defruiser, *v.a.* smash to pieces 2588.

defuler, *v.a.* trample under foot 2591.

degeter, *v.a.* reject 226.

deguaster, *v.a.* lay waste 2756.

dehét, *sm.* God's hate; *d. ait* accursed be 1047.

deie, *sf. pl.* fingers' lengths 444.

deintét, *sf.* dignity 45.

deiz, *sm. pl.* fingers 509.

dejuste, *prep.* alongside 385, 831.

delez, *prep.* alongside 114, 2942.

delgee, *adj. f.* tender (of grass) 3389.

demain, *adv.* tomorrow 517; *tresqu'al d.* until the morrow 2569.

demander 1181, *v.a.* ask for 119, 1999, 3611; *Munjoie d.* cry out Monjoie 1181, 1525.

demaneis, *adv.* straightaway 3419.

demener, *v.a.* display (sorrow or any strong emotion) 1845, 2695, 2946; *d. sun cors par* traverse 525.

demenie, *adj.* own; *sun cors d.* his very person 729.

dementer, *v.refl.* lament, make moan 1404, 1795, 1836.

demise, *p.p.f.* of demetre melted 1474.

demurer 2451, *v.n. & refl.* wait, stay 162, 3140; delay 2622; *v.a.* put off 3519; *d. de venir* delay in coming 3081; *que plus ne se demuret* for he lingers no longer 2021.

demustrer, *v.a.* display 514, 2531.

dener, *sm.* the twelfth part of a *sol*; *pl.* money 1148; *ne valeir un d.* be worth nothing 1262, 1505.

deol; v. **doel.**

departie, *sf.* parting 1736.

departir, *v.a. & refl.* separate 1900, 2940; *v.n.* be broken off (of a battle) 3480.

depecer, *v.a.* break 837; burst 3880.

derumpre 1543, *v.a.* break 1575, 1893, 3466; *v.n.* break 3971.

des, *prep.* from (local) 1429, 3208; from (temporal) 2255; *d. l'ure que* from the time that 2371; *d. ore* from now on 179, 3704, 3747, 3946; *d. que* until 1733.

desaffrer, *v.a.* knock off the *saffre* 3426; v. **safrét.**

desclore, *v.a.* break open 1620.

descumfire, *v.a.* break, destroy 1247, 1305, 3362.

descunfisun, *sf.*; *seinz altre d.* without other damage (?) 1894.

descust, *p.p.* of **descurre** shattered 1946.

deserte 938, **desert** 3246, *adj.* deserted 664; waste 2489; desert 3246; bereft 938, 989, 1696, 2928.

deserter, *v.a.* make desolate 1862.

desevrer, *v.a.* sever 1201, 3467, 3571; part 1977, 2009, 3913.

desfere 49, *v.a.* break up 450; undo, bring low 934; *v.n.* disband 49.

desfïer, *v.a.* 'defy' (i.e. declare private war upon, either by an overt announcement or by some act of hostility that puts the two parties on a footing of enmity) 326, 2002, 3775.

desguarnir, *v.a.* divest, deprive 2598.

desherberger, *v.n.* strike camp 701.

desist; v. **dire.**

desmailer, *v.a.* break the mail (of a hauberk) 1270, 2051, 3387.

desmentir 3834, *v.a.* belie 788; give the lie to 3791, 3834.

desmesureement, *adv.* beyond measure 1425.

desordener, *v.a.* degrade 3408.

desotreier, *v.a.* refuse to allow; *jo nel desotrei mie* I am not unwilling 518.

despersuner, *v.a.* insult 2581.

desrenger, *v.n.* leave the ranks, act as a patrol or covering troops, *d. les destreiz e les tertres* go and patrol in the defiles and on the hills 809.

destoldre; *pres. 3* **destolt** 3235; *v.refl.* withdraw, back out 3235.

destre, *adj.* right 466, 727, 2373; *sf.* right hand 47, 1018.

destreindre; *p.p.* **destreit** 2743; *v.a.* harass 2743.

destreit, *adj.*, narrow 741; *sm.* defile 809, 815, 3126; woe 1010, 3417, 3759; *de merveillus d.* very terrible 3420; *tenir en d.* harass 3456.

destrer, *sm.* warhorse 347, 479, 2081.

desturber, *sm.* hindrance; *qu'il n'i ad d.* for there is nothing to stop him 1318; *il ad d.* he is prevented 2548.

desturner, *v.a.* prevent 440, avert 3577.

desur, *prep.* upon 272, 1017, 2799; *adv.* 2654, **desure** 927 on top.

desuz, *prep.* underneath 114, 165, 209, down 2043; *adv.* 1356.

desvét, *p.p.* of **desver** go mad 2789.

detordre; *pft. 3* **detoerst** 772: *v.a.* twist.

detraire 2930, *v.a.* pull off, tear out (the hair).

detrencher 3889, *v.a.* cut in two 1996, 2172; cut to bits 1747.

detrés, *prep.* behind 584.

Deus, *acc. sing.* **Deu** 7, 420, 2998, *sm.* God 154, 289, 1865; *de D.* in God's name 1137.

deveir; *past subj. 3* **doüst** 355, 3828, *5* **doüssez** 455: *v.a.* owe 3409; *v.n.* have to 1346, 2350, 2509; go to, be about to 333, 757, 3854; *estre en deit* must be 3519.

devers, *prep.* from the direction of 728, 1021, 2549; towards 1103, 2367, 3128, 3968; *d. vos* on your side 1592, *d. els* on their side 3030, 3071.

dire 582; *subj. 1* **die,** 459, *3* **diet** 424; *pft. 3* **dist** 27; *past subj. 3* **desist** 1760: *v.a.* say.

dis *sm. pl.* days; *e anz e d.* many years 2028; *tuz d.* always 1254.

discipline, *sf.* punishment 1929.

disme, *adj.* tenth 3084, 3230, 3260.

doel 325, **deol** 929, **dol** 2936, *sm.* sorrow 1196, 2839.

dolent, *adj.* sorrowful 951, 1651, 2835; distressed, apprehensive (?) 1104; *interj.* Unhappy wretch that I am! 2823.

dous; v. **dui.**

doüssez, doüst; v. **deveir.**

dragun, *sm.* dragon 2543; standard 1480, 3266, 3330, 3548, 3550.

drecer, *v.a.* lift up 2829, 2884; *refl.* get up 195, 1139, 2481, 3884.

dreit, *adj.* upright, straight 1043; *sm.* the right, the truth 3891; *tresque li d. en serat* until justice be done 3849; *juger le d.* decide the truth 3701; *faire le d. (entre)* show where right lies, decide 3898; *a d.* lawfully 2293; *seinz d.* unlawful 511; *aveir d.* be in the right 1015, 1212, be winning 3554, have rights (over) 2747; *n'i avrat altre d.* there will be no other justice done (*or* he will have no other claim) 3290.

dreiture, *sf.* justice 2430.

drodmund, *sm.* large galley 2467, 2624, 2730.

drue, *adj.f.* luxuriant 1334.

drut, *sm.* favourite 2049, 2814, 3495.

duble, *adj.* double 3583; *sm. pl.* lining (the leather jerkin on which the mail of the byrnie was sewn) 1284.

dubleines, *adj. f. pl.* with double mail 3088.

dubler, *v.a.* line; *dublez en treis* with threefold lining, triple mailed 995.

dui 2704, *acc.* **dous** 207, **dui** 2828; *adj.* two 444 etc.

duire; *pft. 3* **duist** 215, 772: *v.a.* stroke (the beard).

dulor, *sf.* pain, grief 1655, 1787, 2547.

dulurus, *adj.* grievous 3403; unhappy, full of grief 2722.

duluser, *v.a.* lament for 2022; *v. refl.* lament 2577.

dun, *sm.* gift, boon 224, 876, 3059; *par vostre d.* if you will grant me that boon 246.

duner 127; *pr. 1* **duins** 622; *subj. 3* **dunne** 18, **dunt** 859, **duinst** 1898, **duinset** 2938, **dunget** 2016; *fut. 1* **durrai** 2750; *condit. 4* **durrïums** 1805: *v.a.* give, grant.

durer; *condit. 3* **dureit** 1707: *v.n.*
last 291 etc.; extend 1802;
tant con hanste li d. with the
full length of his lance (?), cf.
Thebes 4533 *or* as long as his
lance lasts, cf. 1323, 3401.
dutance, *sf.* fear 828, 3613.
duter, *v.a.* fear 1186, 3580.

e, *conj.* and 8 etc.; then 40,
508, 1008, 1910, 3013, 3848
(v. TANQUEREY in STUDIES
PRESENTED TO M. K. POPE
339-50); *e . . e* both . . and 14,
96; *e si* and 107, 150.
e, *interj.* ah!, alas! 1697, 1985,
2582.
edage, *sm.* age 291.
edét, *sf.* age 3170.
eglenter, *sm.* wild briar 114.
einz, *adv.* before, beforehand
449, 759; rather than this
1065; but 1881; *cum il e. pout*
as soon as he could 1037; *prep.*
before 517, 1736; *conj. e. que,*
e . . . que before 688, 300-1.
eissez, eissirent; v. **issir.**
el, *pron.* other thing, any other
thing 3397; *que fereient il el*
what more could they do?
1185, 2961.
ele, el 2465, 3724, *pron. pers. fem.*
elme; v. **helme.**
els, *pron.* them 175; (used re-
flexively) themselves 111, 3065.
empeindre; *pr. 3* **empeint**
1249; *pft. 3* **empeinst** 1286;
p.p. **empeint** 2629: *v.a.* thrust;
launch 2629; *e. le ben* strike
down (esp. with the couched
lance) 1249 etc.; wind (the
horn) 1754.
emperere 1, **empereres** 16,
empereür 1444, 1942; *acc.*
sing. **empereür** 570, **emper-
ëor** 954, *sm.* emperor 1, 2441,
3999.
emperie, *sm.* empire 3994.
empleier; *subj. 3* **empleit** 1013,
3418: *v.a.* make use of, lay on.

emplein, *sm.* level tract (?) 3129
(h).
en, *prep.* in 2 etc.; on 6, 1622,
3112 etc.; *en sum* at the top
of 708, 1157, 3636; *enmi (emmi)*
in the middle of 986,1638, 3222.
en, *adv. & pron.* thence; (parti-
tive) of them 1348, 3198, 3415,
some 87, 2226; (instrumental)
with it 2306; (causal) because
of this, therefore 214, 771,
1692, 2373, 3311, 3507, 3976.
en, *pron.;* v. **hoem.**
enbatre, *v.a.* thrust 1266.
enbracer, *v.a.* take into one's
arms 2174, 2202, 3440.
enbrunc, *adj.* bowed (of the
head) 214, 771, 3274.
enbruncher, *v.a.* bow (the head,
for grief) 3505, 3645; *v.n.*
sink, fall forward 2019.
enbrunchit, *pft.* 3 of **enbrun-
chir,** *v.n.* sink forward (for
grief) 3816.
encalcer 2166, *v.a.* pursue 2166,
2785, 3626.
encanteür, *sm.* enchanter 1391.
enceis, *adv.* before 1639; *e. ne*
puis cel tens neither before nor
since 3382; *conj. e. que* (+subj.)
before 811, 3480.
encenser, *v.a.* cense 2959.
enchaignez, *p.p.* chained 128.
enchalz, *sm.* pursuit 2446, 3635.
enclin, *adj.* bowed (of the head),
139, 2391, 3504.
encliner, *v.a.* bow to 974, 2763.
encrisme, adj. thorough [used
as an intensitive with perjora-
tive words like *felun*] 1216.
encumbrer, *v.a.* cumber, weigh
down 15, 3646.
encuntre,*prep.* against (in a local
sense) 2202, (implying the idea
of movement towards) 1981,
2416, (fig.) 2530, 2749, 2921;
compared with, set against
376, 1496, 1559; against, in
competition with 1833; *adv.*
926; *respundre e.* retort 1759.

endementres, *adv.* meanwhile 1396.

endreit, *prep.* in the direction of; *e. sei* on his own side, on his own account 2123; *adv. iloec e.* there 3607; *e. ad* straight to (?) 478.

enfant, *sm.* child 1772, 2739; young warrior, 3197.

enfuïr; *fut.* 6 enfüerunt 1750; *p.p.f.* enfuïe 2942: *v.a.* bury.

engigner, *v.a.* deceive, dupe 95.

engreignier, *v.n.* grow greater 1088.

engrés, *adj.* impetuous, fiery 3241, 3251.

enguardes, *sf. pl.* forward troops, vanguard 2975, 3130; *faire les e.* act as advanced troops 548, 561.

enheldee 3866, enheldie 966; *p.p. f.* provided with a hilt.

enluminer, *v.a.* make to shine 535.

ennuiez, *p.p.* jaded (of horses) 2484.

enoit, *adv.* in the night 836.

enpenét, *p.p.* feathered 439, 2156.

enprendre; *p.p.* enprise 210: *v.a.* undertake.

enprés 357, anprés 774, *adv.* afterwards 357; *prep.* after 774, 1505.

enquerre; *p.p.* enquis 126: *v.a.* inquire about.

enquoi 1194, 1223, enqui 2808, encoi 1167, encui 2142, *adv.* before the day is out.

enrenger 2181, *v.a.* line up.

enseigne, *sf.* ensign, banner 707, 3545, 3550; war-cry 1179, 1350, 2510, 3563.

enseigner 119, *v.a.* point to, point out.

ensemble, *adv.* together 1919, 2140; *ensembl'od* together with 502, 1805, 3196.

ensement, *adv.; e. cume* just as, just like 3173, 3223, 3249.

ensurquetut, *adv.* moreover 312.

entendre, *v.a.* hearken to, give heed to 234, 2098; listen to, hear 776, 1243, 1766; *e. a* hearken to, defer to 3782.

entercer 2180, *v.a.* pick out, recognize.

entre, *prep.* between 621, 720; among 1941, 2275; *entre .. e*, together 3073, 3075 (the expression merely links together the two singular subjects of a plural verb); *entreque* as far as 956.

entreduner, *v.refl.* give each other 3568, 3582.

entr'encuntrer, *v.refl.* meet each other 3567.

entrer, *v.n.* enter 365, 747, 2709; to begin (of the seasons); (fig.) start, set in 2925.

entresque, *prep.* as far as 870, 1056, 1664; until 3478, 3731.

entrevedeir, *v.refl.* see each other 3294.

entur, *prep.* around 410, 2092.

enurs; v. honur.

envaïr 2062, *v.a.* assail 2065, 2129.

enveiser, *v.refl.* disport oneself 977.

envers, *prep.* towards 468, 495, 723, 2165, 3328; (fig.) 1222; *adv.* face upwards 1657; *e. lui s'atarget* he waits for him 368.

envirun, *adv. & prep.* around, about 13, 3269.

enz, *adv.* inside 160, 2469; *enz en* in 93, 154, 2590; *d'enz de* from within 730.

er; v. ier.

erent, eret, ermes, ert; v. estre.

errer 167, *v.n.* proceed 167; *tant ad errét* he has gone so far 497.

esbaldir, *v.refl.* rejoice 1524.

esbaneier 111, *v.a.* amuse.

escalguaite, *sf.* watch, night-watch 2495.

escanteler, *v.a.* shiver, break to pieces (a shield) 1292.

escarbuncle, *sm. & f.* carbuncle (the stone) 1531, 2589.

escarbuner, *v.n.* throw out sparks 3586 (h).

eschange 3714, **escange** 840, *sm.* substitute 840, 3714; *de Munjoie iloec out pris e.* it had taken a substitute (i.e. a new name) from Mountjoy 3095.

eschec 1167, 2478, **eschech** 99, *sm.* booty.

eschele, *sf.* division (of an army) 1034, 3045, 3533.

eschewid, *adj.* slender 3820.

eschiez, *sm.* warships 2625, 2729.

eschipre, *sm.* shipman, sailor 1565.

escicles (probably a misspelling for **esclices**), *sf. pl.* splinters 723.

escïent; *men e.* 524, *par le mien e.* 1936 from or with my knowledge.

escïentre; *men e.* from or with my knowledge, 539, 2073, 2286; *sun e.* 1116.

esclaces, *sf. pl.* splashes (of blood) 1981.

esclairer, *v.n.* grow bright 667, 2637; *v.a.* lighten, relieve 301; cheer, brighten 3302.

esclargier, *v.a.* make clear 3891; lighten, relieve 3628, 3989.

esclargir, *v.* brighten 958; *esclargiz est li vespres e li jurz* the evening has brightened up 1807.

esclicer, *v.n.* break, shiver 1359.

escordusement, *adv.* fervently 3099 (h).

escremir, *v.n.* fence 113.

escrïer 2511, *v.n. & refl.* cry out, exclaim 900, 1542, 2402; raise a shout, a warcry 1180, 3148, 3298; call out to 1112, 1964.

escrire, *v.a.* write 487, 1443, 3742; *peinz e escrites* painted and portrayed 2594.

esculter 455, *v.a.* listen to 164, 670, 1767.

esculurer, *v.n.* lose colour 485.

escumbatre, *v.a.* conquer 2307.

escunser, *v.a.* hide 2990.

esdemetre 1610, *v.a.* cause to spring forward (h).

esforcét, *p.p.* of **esforcer** used as *adj.* increased; advantageous 3714.

esforz, *sm.* forces 599, 1049; *a e.* violently 1197, 1582; in great force 3218.

esfreedment, *adv.* in great perturbation 2767.

esfreer, *v.a.* perturb 438.

esgruigner, *v.n.* become notched 2302, 2313.

esguarder, *v.a.* look at 285, 2274, 3882.

esguarer, *v.a.* disturb 1036.

eslais, *sm.; faire sun e.* spring forward 2997, 3166.

esleger 1151, *v.a.* pay for, purchase 759.

esmaier 2211, *v.a.* dismay 2211, 2213; *v.refl.* be dismayed 920, 962, 2412.

esmerez, *adj.* refined (of gold) 132.

esmoveir; *pft. 3* **esmut** 2813: *v.a.* set in motion.

espaent; v. **espoënter**.

espalle, *sf.* shoulder 647, 1344, 3160, 3727.

espandre 3617, *v.a.* spread, scatter 3617, 3928; *v.n.* 3972.

esparigner, esparnier, *v.a.* spare 1504, 1689, 1883, 3103.

esperance, *sf.* hope; expectation 1411.

espés, *adj.* thick; *el plus e.* in the thick of the struggle 3529.

espïer, *v.a.* spy on, betray 1147.

espiét, *sm.* spear, lance 541, 867, 1202.

espleit; *ad e.* at full speed 3547, with all one's strength 3559.

espleiter 395, *v.a.n.* carry out 395; fare, succeed 3657; hasten 2165.

espoënter; *subj. 3* **espaent** 1433, **espoënt** 1642; *v.refl.* be filled with fear.

esprendre 3917, *v.n.* catch fire.

esprever, *sm.* sparrowhawk 1535.

esprovét, *p.p.* proved 3163.

esquasser, *v.a.* smash to bits, 3879.

esquier, *sm.* groom 2437.

esrager, *v.refl.* rage 286.

essaiét, *p.p.* well-tried, of proved valour 2068.

essample, *sf.* tale designed to teach a moral 3979; *malvaise e.* a tale holding up the conduct of a person to reproof, in order to deter others from following his example 1016.

essoign, *sm.* (prob. = **essoigne**, obstacle, hindrance); *jo n'ai e. de* I am not stopped by 1232.

establer, *v.a.* stable 158.

establir, *v.a.* form (an army corps) 3027, 3217, 3237.

estache, *sf.* stake 3737.

estage, *sm. & f.* abode 188; *prendre s'e.* take one's stand 3129.

estal, *sm.*; *prendre e.* take one's stand 2139; *remaneir en e.* remain in position, hold out 1108.

estandart, *sm.* standard 3267, 3330, 3552.

ester 265; *pr. 6* **estunt** 2691; *imper. 5* **estez** 1064; *pft. 3* **estut** 671; *pres. p.* **estant** 2459: *v.n.* stand (as opposed to fall) 2219; stand (as opposed to sit) 671; stand fast 2784; *v.refl.* stand still 2105; *e. en estant* stand on one's feet 2522; *laisser e.* let be, desist from troubling 265, abandon, give up 3902, (+*le*) 2154; *laissez ço e.* enough of that 2741.

esterez; v. **estre**.

esterminals, *s.pl.* some sort of precious stone 1501 (h).

estét, *sf.* summer 2628, 3162.

estoerdre, *v.n. & refl.* twist out of, escape 593, 3632.

estoner, *v.n.* be stunned 3438.

estoveir; *pr. 3* **estoet** 119; *fut. 3* **estuvrat** 1151: *v. impers.* behove, be necessary; *m'estoet* it behoves me to 310, 2858; *ne l'estoet enseigner* there is no need to point him out 119; *ço nus estoet* this must we do 3630; *plus bels nen estoet* you could not wish for a fairer 313.

estrait, *p.p.* of **estraire** descended 356.

estrange, *adj.* strange 448, 1236, 3717.

estre 61; *pr. 1* **soi** 1521, *2* **ies** 297; *subj. 1* **seie** 3757, *4* **seiuns** 46, **seium** 1046; *impf. 1* **esteie** 2860, *3* **ert** 726, **eret** 719; *fut. 3* **ert** 51, **iert** 517, **ier** 556, *4* **ermes** 1977, **serum** 1520, *5* **esterez** 1134, *6* **erent** 3048, **ierent** 3286; *p.p.* **estét** 2610: *v.n.* be; live, exist 2929.

estree, *sf.* highroad; *aler en l'e.* take the road, go forward 3326.

estreit, *adj.* in close array 1001; *adv.* tightly 2202.

estreu, *sm.* stirrup 348, 2033, 2820.

estroër, *v.a.* pierce 2157.

estultie, *sf.* dash, reckless courage 1478, 2606, 3528; recklessness 1725.

estur, *sm.* assault, engagement 2122, 2413, 2862.

estut, estunt; v. **ester**.

estuvrat; v. **estoveir**.

esvertuer, *v.refl.* put forward all one's strength 2298.

ewe 2465, *pl.* **eves** 3667, *sf.* water 3667; water, stream 1778, 1831, 2225, 2465, 2640.

exill, *sm.* ruin, misery 1862, 2935

faillir 801; *pr. 3* **falt** 2019; *subj. 6* **faillent** 3133; *fut. 3* **faldrat** 1048; *pft. 6* **faillirent** 2601; *v.n.* fail 397, 2601, 3344; *p.p.* **faillid** treacherous, false 3815.

faire 241, **fere** 3400; *pr. 1* **faz** 678; *imper. 2* **fai** 3895; *subj. 1* **face** 295, *3* **facet** 750; *fut. 1* **frai** 300, *4* **ferum** 882; *pft. 2* **fesis** 2029, *3* **fist** 89, *4* **fesimes** 418, *5* **feïstes** 1708; *past subj. 3* **fesist** 240, **feïst** 1607; *v.a.* make, do 115, 393, 3060; *verbum vicarium* 516, 890, 978, 1476, 1725 (516 = the gold is of greater worth than five hundred pounds are); *lo f.* do it 1709, 2000, 2361; *cum le purrum nus f.* how can we do it? 1698; *vos le feïstes* you did it, it was your fault 1723; *f. lo ben* do well 699, fight well 807, 1876, 3400: *f. a* (+infin.) act so as to deserve 1174, 1559; *bien fait a remaneir* it would be well to go no further, to leave it at this 3798; *se f.* become, turn 96, 897, 1111.

fais, *sm.* burden 977.

faiture *sf.* visage 1328.

faldestoed, *sm.* chair of state 115, 609, 2804.

faldrat; v. **faillir**.

falser, *v.a.* declare false 3844.

falserie, *sᶠ.* fraud, deceit 3665.

falt; v. **faillir**.

falve, *adj.* brownish-yellow 1495.

fedeilz, *adj. pl.* faithful 29; *sm. pl.* faithful followers 84, 505.

feid, *sf.* faith 403, 507, 3416; *par amur e par f.* in love and loyalty 86, 2897, 3770.

feindre 1792; *pft. 3* **feinst** 2275: *v.n.* act in a craven or half-hearted fashion 1792; *v.refl.* feign 2275.

feïst, feïstes; v. **faire**.

feiz, *sf.* time, turn; *ne vus a ceste f.* not now 567.

felonie, *sf.* treachery 2600, 3833; *pl.* wicked vices 1472.

fels 213, **fel** 1024; *acc. sing.* **felun** 910, 1216, 1819; *nom. pl*; **felun** 942, 1098, **feluns** 1191; *acc. pl.* **feluns** 69, *sm.* one guilty of a breach of feudal faith 844, 3735; (by extension) infamous person, villain 213, 1216; *adj.* wicked 69, 910, 1471; *tut seit f.* let him be accounted a traitor 1924, 2062.

fenir 169, *v.a.* finish 193.

ferir 440; *pr. 3* **fiert** 1261, *6* **fierent** 1347; *imper. 2* **fier** 1120; *subj. 3* **fierge** 3462, **fierget** 3559; *fut. 1* **ferrai** 1055; *pft. 3* **ferit** 2312; *p.p.* **ferut** 2084: *v.a.* strike 440, 514, 1138; *pres. p.* **ferant** hotly 2462.

fermer, *v.a.* fix, fasten 683, 707; *f. un gunfanun* fix a pennon on a lance shaft 3055.

ferrai; v. **ferir**.

fesimes, fesis, fesist; v. **faire**.

feu; v. **fiet**.

fiance, *sf.* assurance, guarantee 914, 1529, 1569; homage 2329; trust 3009.

fieble, *adj.* feeble 2228.

fïer; *pr. 3* **fiet** 586: *v.refl.* trust.

fier, *adj.* wild, ferocious 1111; fierce, ruthless 56, 256; haughty 28, 118, 1640.

fierement, *adv.* fiercely 729, 745; haughtily, proudly 219, 739, 1162, 1920, 2984, 3316, 3423, 3536.

fierge; v. **ferir**.

fiertét, *sf.* haughtiness 1183; martial spirit 2152.

fiet 472, **fiu** 432, **feu** 866, *sm.* fief 472, 2680; privilege granted by the overlord to the vassal in return for service done by the latter 866.

fillastre, *sm.* stepson 743.

fin, *adj.* fine (of gold) 652, 1583, 2128.

fin, *sf.* end 1435, outcome 3872; end, death 1519, 2392, 3723; truce, accord 3395; *prendre f.* 1519, *aler a sa f.* 2392, 3723 die; *nen est f. que t'en alges* there is no question of your going 2978 (v. Bédier *Rom.* LXIV 229).

finer 166, *v.a.* conclude 62, 166, 705; put to death 436, 902; *v.n.* stop 2662; end one's life 2867.

firie, *sm.* liver 1278 (h).

fiu; v. fiet.

fiz, *adj.*; *estre f.* be sure 146, 1130, 3290.

flambur, *sf.* flash 1809.

flambïus, *adj.* gleaming, flashing 1022.

flur, *sf.* flower 1276, 1955, 2898.

flurit, *adj.* flowery; adorned with painted flowers 3361; hoary 117, 1771, 3087.

folage, *sm.* folly 292.

forment, *adv.* strongly 2251, 2514, 2577.

fors, *adv.* out 1202, 1776, 3122; *prep.* outside, except 6, 3806; *mettre f.* force out 1355.

forsfaire; *pft. 1* **forsfis** 2029, *3* **forfist** 3758; *past subj. 3* **forfesist** 3827; *p.p.* **forsfait** 608, 1393: *v.a.* wrong (someone in something) 2029, 3758, 3827; *v.refl.* become a criminal 608; *p.p.* wicked, criminal; forfeit 1393.

fort, *adj.* strong 1306, 1948, 3230; *a f.* rapidly 2631.

fossét, *sm.* ditch 2590, 3166.

fou 3106, **fuus** 3586, *sm.* fire 3106, 3917.

fraisnine, *adj. f.* made out of ashwood 720.

franc, *adj.* free, noble 274, 2324, 2657, 3978.

freindre 2210; *pft. 3* **freinst** 1247; *p.p.* **frait** 3604, 3927: *v.a.* break 486, 1227, 2342; break down 5; *v.n.* break 2302.

freiz, *sm.* cold 1011, 1118.

fremir 3484, *v.n.* ring (of metal when struck by a sword).

fremur, *sf.* hum 2693.

fruisser, *v.n.* break into pieces 1317, 2340, 2539, 3482, 3879; *v.a.* shatter 237, 2289, 3433, 3465, 3664.

fuildres, *sf. pl.* thunderbolts 1426.

fuls, *sm. pl.* throngs, crowds; *a f.* in swarms 1439.

funz, *sm.* bottom (of a river) 2471.

funz, *sm. pl.* fonts 1568.

furbir, *v.a.* furbish, polish (of weapons) 1925, 3482.

furcele, *sf.*; *les dous f.* the collar bone and the midriff; *entre les dous f.* full in the breast 1294, across the breast 2249; v. MARIO ROQUES in STUDIES PRESENTED TO M. K. POPE 321-8.

furcheüre, *sf.* fork 1330, 3157.

furrer, *sm.* sheath 444.

fust, *sm.* wood; wood (of a shield) 3583; shaft (of a lance) 1602; cudgel 1825, 3739; *arbre de mal f.* gallows-tree 3953.

fuus; v. fou.

gab, *sm.*; *en g.* lightly, as a joke 2113.

gaber, *v.n.* brag (esp. to utter the conventional exaggerated vaunts usual with warriors on the eve of battle) 1781.

gaillard, *adj.* lusty, robust 2895, 3086, 3115.

gaillardement, *adv.* vigorously 2959.

galees 2729, **galies** 2625, *sf. pl.* galleys.

gambes, *sf. pl.* legs 1491.

garçon, *sm.* servant, camp-follower 2437.

genoill 2664, *pl.* **genuilz** 2192, *sm.* knee.

gent, *sf.* people, nation 393, 396; men, forces 19, 564.

gent, *adj.* handsome, comely 118, 895, 1794; fine, goodly 1167, 1712; *g. est nostre bataille* we are doing very well 1274.

gentement, *adv.* very well 2099; in very becoming fashion 3121.

gentil, *adj.* high-born, gentle 176, 377, 646, 2252.

gernun, *sm.* moustache 215, 249, 772.

gesir 973; *pr. 3* **gist** 1657, *6* **gisent** 3693; *condit. 5* **jerreiez** 1721; *pft. 3* **jut** 2758, *6* **jurent** 3653; *v.n.* lie 1342, 1694, 3653, 3693; *v.refl.* lie down 2375, 2513.

geste, *sf.* a written account of the notable deeds of a people or family 1443, 2095, 3742, 4002; a family celebrated in song or story 788.

geter 1341, *v.a.* throw, cast 281, 1809; (indicates any violent motion away from the author or point of origin of the motion, e.g. *g. mort* strike down dead 1361, 3530, *g. fors* drive out 1202, *g. de* release 3787, *g. del furrer* draw from the scabbard 444).

giels, *sm. pl.* frosts 2533.

gieser, *sm.* sort of spear or dart 2075 a.

giu, *sm.* sport 977.

glatir, *v.n.* yelp (of dogs) 3527.

glorïus, *adj.* glorious, abiding in highest Heaven 124, 429, 2196; *sm.* He who abides in highest Heaven (= God) 2253; *pl.* those who dwell in highest Heaven (= the saints) 2899.

gluz; *acc. sing.* **glutun** 1230; *nom. pl.* **glutun** 1212, *sm.* miscreant 1251, 3456.

graanter, *v.a.* grant, agree to 3805.

gracïer, *v.a.* thank 698, 2480.

graisle, *adj.* slender 3158, 3820.

graisle, *sf.* bugle 700, 1004, 3138.

gred, *sm.; de g.* on purpose 2000.

gref, *adj.* grievous 1687, 2531, 2801.

greignur, *adj.* greater 977; greatest 2564; great 710, 719; *g. pareïs* high Heaven 1135.

grifuns, *sm. pl.* griffins 2544.

guadez 316, *imper. 5* of **guarder**

guager; *pr. 1* **guaz:** *v.a.* pledge; *g. en dreit* give a pledge 515.

guaires, *adv.* much; *ne . . g.* not much, hardly any 1897, 1923, 3822, not much longer 2108.

guaiter, *v.a.* wake, watch over (a corpse) 3731.

gualt, *sm.* wood 2549.

guarant, *sm.* warranter, protector 329, 868, 1254, 3514.

guarantir 1864, *v.a.* protect 1864, 3277; uphold 3836.

guarantisun, *sf.* protection 924.

guarde, *sf.; il nus cuvent g.* we must beware 192.

guarder 679, *v.a.* guard 679, 1829, 3678; watch over, protect 316, 2527, 2713; hold to (a religion) 687; *v. refl.* protect oneself, avoid 9; *v.n.* look 487, 1103, 2532; *g. que* take care that 650, 1013, 2061.

guarét, *sm.* fallow land 1385, 2266.

guarir 156; *pft. 2* **guaresis** 2386: *v.a.* protect, save 1538, 2387, 3923; *v.n.* be saved 156; go scot free 2063; recover 2036; *li miez guariz* those who fare best 2473.

guarisun, *sf.* safety 3271, 3774.

guarnement, *sm.* equipment 100, 1420, 3001; v. Notes.

guarnir, *v.a.* equip, supply 3040; garrison 3676.

guaste, *adj. f.* waste 3127; bereft, empty 1985, 3450.

guaster, *v.a.* lay waste 703.

guaz; v. **guager.**

gueredun, *sm.* reward 3409.

guerpir 465, *v.a.* abandon 465, 1909, 3071.

guerreier, *sm.* warrior 2066, 2242.

guerreier; *subj. 3* **guerreit** 579: *v.n.* make war 1557; *v.a.* make war on 579, 2681.

guier; *imper. 5* **guiez** 2972; *fut. 5* **guiereiz** 3282: *v.a.* lead 912, 3022, 3083; escort 2972.

guige, *sf.* strap with which the shield is hung round the neck 3151.

guise, *sf.* wise, manner; *en g. de* like 1226, 1902, 3264; *par nule g.* in no way 2002.

guivre, *sf.* viper 2543.

gunfanun, *sm.* gonfanon, pennon (attached to a lance) 857, 1811, 3551.

gunfanuner, *sm.* he who carries the gonfanon of a king or lord, standard-bearer 106

guverner, *v.n.* steer 2631.

haiter, *v. impers.; que vos en haitet* what cheer?, how do you feel about it? 1693.

halbercs; v. **osberc.**

halçur, *adj.* high 1017; high, proud 3698.

halt, *adj.* high 366, 814, 1622; *paroles haltes* proud words 1097; *h. jurz* high-day 3745; *halte feste* high feast 53; *adv.* loudly 891, 2111; *en h.* loudly 2014.

haltement, *adv.* loudly 1974, 3270, 3767.

hanste, *sf.* shaft (of a spear) 442, 1204, 2992; *pleine sa h.* with lance outstretched 1273 etc., v. M. K. POPE *Medium Ævum* V 10.

hardement, *sm.* courage, act of daring 1710.

hardiz, *adj.* daring, bold 2027, 2603, 3352.

hasteier, *v. refl.* hasten 992.

haster, *v.refl.* hasten 2277; *de ferir mult le h.* hastens to strike him (?) 3445.

hastifs, *adj.* hasty 140; swift, sharp 1661.

haür, *sf.* hatred 3771.

heingre, *adj.* spare 3820.

helz, *sm. pl.* quillons, the two arms of the cross-guard (of a sword) 621, 1364.

her; v. **ier.**

herberge, *sm.* encampment 2488, camp 668.

herberger 2482, *v.n. & refl.* take shelter for the night; encamp 709, 2482, 2799.

herbus, *adj.* grassy 1018, 3925.

herite, *sm.* heretic 1484.

hoem 3265, **hume** 604, **home** 1886, *acc. sing.* **hume** 381, **home** 549, *nom. pl.* **hume** 20, **humes** 3487, *acc. pl.* **humes** 13, **homes** 2756, forms which are fully stressed; **hum** 2559, **hom** 39, **om** 2127, **en** 2868, forms (all *nom. sing.*) which have only secondary stress: *sm.* man (in *sing.* always with the sense of 'liegeman') 39, 297, 3893; any man, every man 311, 1433; (+ neg.) no man 530, 791, 924; *indef. pron.* = Mod. Fr. *on* (only the secondary stressed forms seem to be used in this way) 287, 2127, 2868.

hoese, *sf.* boot 641.

hoi 2107, **oi** 1210; *adv.* to-day 1191, 1985, 3898; *h. cest jur* this day 2107; *d'oi cest jur en un meis* in a month from to-day 2751.

honur, *sf.* honour shown to a person 2774, 2960, 3733; honourable distinction or renown enjoyed by a person 45, 533, 1223, 2430, 2507, 2903; things that redound to a person's praise 3181; honourable privilege, fief 315, 820, 2833, 3399; *par h.* honourably 39.

hostage, *sm.* hostage 147, 572, 679; *par h.* in return for hostages 3852.

hosteler 160, *v.a.* lodge.

hosturs, *sm. pl.* hawks 31, 129, 184.

hu, *sm.; le h. e le cri* the noise and the shouting 2064.

hum, hume; v. **hoem.**

humeles, *adj.* humble 1163.

hunc; v. **unkes.**

hunir 631, *v.a.* shame 969, 1927.

huntage, *sm.* shame 1091.

i, *adv.* here, there 5, 575, 1561; in this matter, in this respect 338, 3459.

icel, icil; v. **cil.**

icest, icist; v. **cist.**

içо; v. **ço.**

idunc; v. **dunc.**

ier 2701, **er** 383, **her** 2745; *adv.* yesterday 2701, 2745, 2772.

ierent, iert, ies; v. **estre.**

iloec, *adv.* there 463, 2186, 3095; *i. endreit* in that very place 3607.

irance, *sf.* rage and sorrow 1845.

irascut, *p.p.* of **iraistre** angry 777.

ire, *sf.* wrath 301, 485, 1722; grief 971, 2944, 3989; *par i.* 1662, *a i.* 1920 furiously.

ireement, *adv.* furiously 733, 1834; angrily 762.

irét, *adj.* angry 1558; resentful 2164; grieved 2414.

irur, *sf.* wrath 1098, 1224; sorrow 1023, 2877.

isnel, *adj.* swift 1312, 1535, 2766.

ssi; v. **si.**

ssir; *pr. 3* **ist** 1220, *6* **issent** 2640; *imper. 5* **eissez** 2806; *pft. 6* **eissirent** 1776; *p.p.*

issut 2647, **eissut** 2810: *v.n. & refl.* issue forth.

itant; v. **tant.**

itel; v. **tel.**

ja, *adv.* just 1546; in truth, indeed, certainly 313, 1771, 2429, 3825; (+ fut.) soon 1704; (+ past) of course, as is well known 1391, 1566, 1775; (+ fut. + *ne*) from now on .. not, certainly not, nevermore 316, 693, 1096; (+ implied neg.) ever 1064, 1090, 2738; *ja mais . . . ne* nevermore 386, 1721; (+ wish or asseveration) now, ah! 196, 2257.

jacunces, *sf. pl.* jacinths 638.

jaianz, *sm.* giant 3253, 3285, 3518.

jalne, *adj.* yellow 1494, 3427.

jamelz, *sm. pl.* gambrils (crooked sticks on which carcasses are hung) 3739.

jazerenc, *adj.* made of Eastern mail 1647.

jerreiez; v. **gesir.**

jesque; v. **josque.**

joe, *sf.* cheek 3921.

jointure, *sf.* joint; *hunc n'i out quis j.* never was a joint sought (i.e. it went through the bone) 1333.

josque 510, **jesque** 2538, *conj.* until 1838; *prep. josqu'a* as far as 976, until 3395; *josqu'a un an* in a year's time 972.

joüs, *adj.* joyous 2803.

jüer 901, *v.n.* play 111, 1477.

juger 751; *pr. 1* **juz** 3831: *v.a.* doom 937, 1058, 1409, 3772, 3789, 3831; adjudge, appoint 288, 742, 751, 838, 1025; assign 321, 754, 778; judge 3751; *il est jugét* it is decreed 742.

jugeürs, *sm. pl.* judges 3699, 3765.

juindre 923; *p.p.* **juinz** 2240, *f.* **juntes** 2392: *v.a.* join 223, 2015, 2392; *v.n.* join battle with 923.

juïse, *sf.* judgement; *Deu j.* the Judgement Day 1733; *al plus verai j.* to execute His righteous judgement (*or* where he will give true judgement?) 3368.

jur, *sm.* day 162; *le j.* that day 813, 816; *cest j.* 1520, *oi cest j.* 2751 to-day; *tute j.* the whole day 1780.

jurent; v. **gesir.**

jus, *adv.* down 1955, 2291, 3941; *j. de* down from 2040, 2840.

justise, *sf.; faire sa j.* take vengeance 3988; *faire* (*la*) *j. de* do execution on, punish 498, 3904.

juste, *prep.* beside 2626.

juster 2181, *v.a.* bring together 2181; form (divisions or squadrons of an army) 3347, 3384; *v.refl.* join, meet 1976; *v.n.* fight with 1191, 3169; *j. une bataille* join battle 2761, 2889, 3874; *le cors a la tere li justet* falls to the ground 2020.

jut; v. **gesir.**

juvente, *sf.* youth 1401, 2916.

ki; v. **qui.**

lacier, *v.a.* lace 712, 996.

laisser 2069; *pr. 1* **lais** 315; *fut. 1* **lerrai** 785, *3* **lairat** 2666, **lerrat** 574; *pft. 2* **lessas** 2583; *v.a.* leave 2435; let 2486, 3350; (fut. or condit. + *ne* + subord. clause) not fail to, not refrain from 457, 1252, 2666; v. **ester.**

lariz, *sm.* fell, hillside 1085, 1125, 1851.

las, *adj.* weary 871, 2494, 2519; *interj.* unhappy wretch that I am!, Alas! 2723.

lascher; *pr. 6* **lasquent** 3877: *v.a.* loosen 1290, 1617, 2996.

laz, *sm. pl.* laces (of a helmet) 3434.

leger, *adj.* light 2171, 3864; nimble 113, 1312, 3885.

legerie, *sf.* recklessness, piece of recklessness 206, 300, 513, 1726.

lei, *sf.* law; faith, religion 38, 126, 611, 3338; custom, *a l. de* after the custom of, like 752, 887, 1143, 2251.

lengues, *sf. pl.* streamers (of a gonfanon) 1158.

lerrai, lessas; v. **laisser.**

let, *fem. pl.* **lees** 1918, *adj.* broad 3149, 3160, 3570.

leupart 1111, **lepart** 733, *sm.* leopard 733, 1111, 2542.

lever; *pr. 3* **lievet** 2194; *v.a.* raise 419, 1748, 2848; raise from the baptismal font, stand godfather to 1563; *v.n.* rise, get up 163, 669; *v.refl.* rise 3633.

levre, *sm.* hare 1780.

lez, *prep.* alongside 1315.

liet, *adj.* happy 96, 1745, 2803.

lieve; v. **lever.**

lige, *adj.* liege 2421.

lign, *sm.* line 2379.

linees, *adj. f. pl.* (?) 3983.

listét, *adj.* edged 3150.

liues 688, **liwes** 1756, *sf. pl.* leagues 688, 2425, 2759.

lius, *sm. pl.* places 817, 2160, 3016.

loër 532; *subj. 3* **lot** 1589; *v.a.* praise 420, 1589, 3315; recommend, advise 206, 226, 2668, 3948; *p.p. f.* **loee;** *France la l.* France the renowned 3315.

loëment, *sm.* advice 1709.

loi; v. **lui.**

loiter, 2552 *v.n.* struggle.

lorer, *sm.* laurel 2651.

los, *sm.* praise; fame 1054, 1194, 1210.

lu, *sm.* wolf 1751.

lüer, *v.a.* smear 2276.

lüer, *sm.* recompense 2584.

lüer 34, 133; *v.a.* engage, hire.

luisir; *pr. 3* **luist** 980: *v.n.* shine 1031, 1326, 3345.

luiserne, *sf.* blaze, light 2634.
lunc, *prep.* alongside 3732.
lung, *fem.* **lunge** 1755; *adj.* long 3255, 3374; far-carrying 1755.

magne, *adj.* great (only as an epithet applied to Charlemagne), 1, 703, 841.
mahumerie, *sf.* mosque 3662.
maile, *sf.* steel rings sewn on the hauberk, mail 1329.
mailz, *sm.* hammer 3663.
main, *adv.* morning; *par. m.* in the morning 667.
mais 273, **mes** 1309 *adv.*; I more (quantity); *ne m. que . . ne* no more than, only 1309; *ne . . ne m. que* only 1934; *ne m. que* except 217, 382, 3333; II longer (time) 2561; ever 528, 543; *ne . m.* no more, no longer 273, 595, 872; *unkes m. . . . ne* never did,' never was 1040, 1461, 2223, *ja m. . . . ne* never more, never again 376, 779, 2901; III introducing a new phrase or clause = rather, but 329, 332, 1151; with weakened force, merely indicating a new phase of the action = now, but see 368, 425, 1155; *m. que* + subj. but that, if only 234.
maisnee, *sf.* household (i.e. the company of barons who constantly attend their lord) 1407, 1794, 1820.
maistre, *adj.* chief 1818, principal 2939.
major, *adj.*; *tere m.* the great land (i.e. France) 600, 1532, 1667.
mal, mel 206, *adj.* bad 260, 2699, *sm.* harm, ill 9, pain 2101; *adv.* 179; *prendre m.* go wrong 179.
maldire; *p.p.* **maldite** 1916: *v.a.* **curse** 1667, 2579.
maler; *p.p.* **malez** 3855; *v.a.* summon before a court; (in an appeal of felony) summon to do battle (?) 3855.

malmettre, *v.a.* ruin 3483; *v. refl.* go to the bad, forswear oneself 3830.
maltalant, *sm.* anger 271, 327.
maltalentifs, *adj.* enraged 2056.
maneviz, *adj.* alert 2125.
mangun, *sm.* Saracen gold coin 621.
manuvrer, *v.a.* set, mount 2506.
mar, mare, *adv.* = in an evil hour: the exact shade of meaning must in every case be inferred from the context— *m. vindrent* it was unlucky for them that they came 1057 (cf. 1068, 1335, 1949, 3446); *mar* is often used in expressions of regret at some disaster, in this case frequently strengthened by *si* or *tant*—the expression implies that it was unlucky that the person in question was ever born, or that he ever lived, or that he ever possessed noble qualities, since otherwise the disaster would not have befallen him (cf. 350, 1604, 1860, 1983, 2146, 2195, 2221, 2304, 2475, 2823); *mar* + future implies a strong prohibition, *ja m. crendrez* you must not fear 791, *ja m. en vivrat uns* not one shall live 3951;—another *nuance* (no need to) is found in 2734 and 3558.
marche, *sf.* march, frontier province or region 3128, 3168; (implying remoteness) 839; territory belonging to a high noble 2209; kingdom 275, 374; *pl.* provinces (?) 190, 3716.
marchét, *sm.* market; *faire m. de* buy 1150.
marchis, *sm.* warden of a march; marquis 2971, 3058; great captain 3502; as applied to Roland (630, 2031) may denote the possession of high rank or of outstanding prowess, or both.

marrene, *sf.* godmother 3982.

martre, *sm.* marten 302, 3940.

martyrie, *sf.* martyrdom 1922; slaughter 591, 965.

matice, *sf.* some sort of precious stone, amethyst (?) 638.

matir 3206, *v.a.* kill, destroy 893, 3206.

maz, *sm. pl.* masts 2632.

meignent 983, *ind. pr. 6* of **maneir,** *v.n.* dwell.

mel; v. mal.

menee, *sf.* blast, peal (of a trumpet) 3310; *suner la m.* peal 1454.

mener 906; *fut. 5* **merrez** 3204; *v.a.* lead, conduct 502.

mentir, *v.n.* lie; *ki unkes ne mentit* 1865 that never lied, cf. *Titus* i, 2.

menur, *adj.; la m.* smallest 3219.

menut, *adj.* small 1956, 2370; closely meshed (of mail) 1329; *denz m.* front teeth 1956; *chevels m.* thick curly hair 3605; *adv.* frequently (always in the phrase *m. e suvent*) 1426, 2364.

mercïer, *v.a.* thank 908; requite 519.

mercit, *sf.* mercy 82, 239, 1132; *m. Deu, Deu m.* by God's mercy 2183, 2505; *vostre m.* grammercy 3209; *en ma m.* at my mercy 2682.

merir, *v.a.* requite 519.

merveillus, *adj.* inspiring wonder or dread, hence wonderful 370, 1094, prodigious (of blows, courage) 1397; terrible 815, 1320, 2474, 598 (?).

merveillusement, *adv.* with prodigious force 3385.

mes, *sm.* messenger 3191.

mes, *adv.:* v. **mais.**

mes, 297, **mis** 136, **mi** 636; *acc.* **mun** 188, **mon** 2824; *nom. pl.* **mi** 20; *acc. pl.* **mes** 682; *fem. sing.* **ma** 275, *fem. pl.* **mes** 3282: *poss. adj.* my.

mesler, *v.refl.* get into a broil 257.

mespenser, *v.n.* indulge in craven thoughts 1515.

message, *sm.* messenger 120; message, mission 92.

mester, *sm.; aveir m. a* be of use to 1742.

mesure, *sf.* measure, extent 1035; way 146, 631; moderation 1725.

metre 3692, *v.a.* put 149 [note cases like 1228 etc., 'où il s'y ajoute une nuance de rapidité, de violence ou simplement de mouvement qui n'est plus guère présente aujourd'hui—FOULET]; *p.p.* **mis** 1753; *mises de* plated with 91.

mi, *sm.* middle; *parmi* through the middle of 1248; throughout 700; across 1018; *adv.* through the middle 3386; *enmi (emmi)* in the midst of 1385, 1638, full in the middle of 3920.

mie, *sf.* crumb; (indicating a very small quantity) one little bit 465, 1317; (+ neg.) not one little bit, not at all 140; *n'aveir m. de* be without 1172, 2697.

mielz, *adv.* better 58; more 539; *des m.* the best 1822, 2143.

meir 1549, **mer** 115, *adj.* pure (of gold) 1314 etc.

milie, *pl.* of *mil* thousands (only to denote a definite number of thousands, as *.iiii. c. milie* four hundred thousand 715).

milliers, *sm. pl.* thousands (i.e. a very large but indefinite number) 109, 1685.

miracle, *sm.; a m.* with prodigious force 1499; v. J,*n.*

moerc; v. murir.

mollét, *p.p. adj.* shaped 3159; shapely 3900.

mot, *sm.* statement, words 1164, 2087, 3717; *ne* .. *m.* not a thing 1173; *ne suner m.* 1027, *ne tinter m.* 411 not say a thing; *a icest m.* this said 1180, *a cel m.* thereupon 2764; *a l'altre m.* thereupon 2597; *dire mals m. de* revile, insult 1190.

moüstes; v. **muveir.**

muables, *adj.* that will moult 184.

müer 773, *v.a. & n.* change (colour) 441, 2502; change (feathers), moult 129; *m. xxx clartez* shine with thirty different lights 2502; *ne puet m.* he cannot alter things, he cannot help 773 etc.

müers, *adj.* moulted 31.

muiller, *sf.* wife 42, 361.

mul, *sm.* mule 32, 130.

mult, *adj.* many 3090; *adv.* much, greatly, grievously 126, 144, 1433; very 29, 53, 88.

munie, *sm.* monk 1881, 2956.

munter 242, *v.n.* climb 2993; *m. a plus* go further 228, 242.

murdrie, *sf.* murder 1475.

mure, *sf.* point (of sword or spear) 1156.

murir 536; *pr. 1* moerc 1122; *subj. 1* moerge 359, *4* moerjum 1518: *v.n.* die 536; *v.a.* (in tenses compounded with *aveir*) kill 2756,2782; *estre m.* be dead, be killed 1439, 1726, 2038.

museras, *sm. pl.* a species of spear 2075, 2156.

muster, *sm.* minster 1750, 1881, 2097, 3861; *m. de nuneins* convent church 3730.

mustrer, *v.a.* show 1369; set out, explain 3325.

muveir; *pft. 5* moüstes 1335; *v.a.* start 290; *v.n.* set out 1335.

naffrer, *v.a.* wound 1656, 1990.

nager, *v.n.* move through the water by means of oars 2631.

nasel, *sm.* nose-piece 1645.

navilie 2627, **navire** 2642, *sm.* fleet.

nef, *sf.* ship 2625.

neielez, *adj.* nielloed [i.e. with an incised pattern filled up with black enamel] 684.

neif, *sf. snow* 3319.

nepurquant, *adv.* notwithstanding 1743, 2838.

nevuld 216, 824, *nom. sing.* **nies** 384, *sm.* nephew.

nïent, *sm.* nothing 787, 1643, 1770; *ne* .. *n.* in no wise 300, 1415.

nies; v. **nevuld.**

nis, *adv.* not even 806.

nons; v. **num.**

noveler, *v.n.* revive 2118.

num, *sm.* name; *aveir n., aveir a n.* be named 1188, 1213, 1235; *par n. d'ocire* as one named to die, as one destined to death 43, 149; *a Deu e a ses nuns,* v. Bédier *Comm.* 317.

nurrir, *v.a.* bring up (a youth of noble birth in a lord's household) 2380; have in one's household and service 1860, 3374.

nusches, *sf. pl.* necklaces 637.

nuveles, *sf. pl.* news 412; debate (?) 3747.

o, *adv.*; v. **u.**

o, *conj.*; v. **u.**

o, *prep.*; v. **od.**

ocisiun, *sf.* slaying 3946.

od 84, **ot** 2052, *prep.* in company with 84, 800; by means of 1778, 2052; *ensembl' od, od tut* together with 104, 1357.

odum; v. **oïr.**

oes, *sm.* use; *ad o.* for the use of 373.

oi *adv.*; v. **hoi.**

oi *v.*; v. **aveir.**

oidme, *adj.* eighth 3068.

oïe, *sf.* hearing 2012; distance over which a thing can be heard, range 1765.

oïl, yes 644, 3180.
oil, *pl.* **oilz** 682, *sm.* eye 773, 1131.
oïr 412; *pr. 3* **ot** 302, *4* **odum** 2150, *5* **oëz** 1795; *pft 1* **oï** 1386, *3* **oit** 499; *fut. 3* **orrat** 55: *v. a.* hear.
oixur, *sf.* wife 821.
olifan, *sm.* ivory 609, 2653; ivory horn 1059.
om; v. **hoem**.
onur; v. **honur**.
or, *sm.* gold 100 etc.; perh.=**ur** (<*ORUM) border 516.
ore, *sf.*; v. **ure**.
oréd, *sm.* tempest 689, 1424, 2534.
orer, *v.n.* pray 3110.
orét 1811, **oriét** 2345, *fem.* **oree** 1283, *adj.* golden, gilded.
orie, *adj.* golden 3033.
orieflambe, *sf.* oriflamme 3093; v. **Romaine**.
os, *adj.* daring 2292.
osberc 1199, **halbercs** 711, *sm.* hauberk (a long coat of mail protecting the head and trunk) 1199, 1227.
ost, *pl.* **oz** 598, *sf.* host, army 18 etc.
osteier 528, *v.n.* campaign 35, 528, 543.
ostel, *sm.* lodgings 342.
ot; v. **aveir**, **od**, **oïr**.
otrier 433, *v.a.* grant 1008, 3395; approve (a plan) 475, 3962; agree with 194, 3805; admit, concede 3760; *sel volez o.* if you will agree, I think you will agree 1672.
oümes,ourent,oüsse, oüssum, oüssent, **out**, **oüt**; v. **aveir**.

paenime, *adj.* pagan 1921.
paienur, *adj.* pagan; *gent p.* pagan people 1019, 2427, 2639.
pais, *sf.* peace 73, 391, 423.
païs, *sm.* land 17, 1859, 3207.
palefreid, *am.* palfrey 479, 756, 1000.

palie, *sm.* piece of brocaded silk 110, 846, 2965.
palme, *sf.* palm; palm's breadth 3606.
palmeier, *v.a.* flourish, twirl 1155.
pan, *sm.* skirt (of a *hauberk* or *blialt*) 1300, 2173; streamer (of a *gonfanon*) 1228; portion (of territory) 869, 3207.
par, *prep.* through 525, 2635; by 2586; by means of 74; with 426; *p. main* in the morning 667; *p. honur e p. ben* loyally and sincerely 121; *p. sum* at the top of 714; *p. els*, by themselves, with no other company 3065; *p. veir* in truth 87; *adv.* quite, very (often in combination with *mult* or *tant*) 142, 559, 2550.
parçuner, *sm.* co-parcener, joint owner 474.
pareir; *pr. 3* **pert** 2845: *v.n.* appear.
pareïs, *sm.* paradise 1135, 2258, 2899.
parentét, *sm.* lineage 356; family 3907.
parfunt, *adj.* deep 1831, 2465, *sm. pl.* depths, chasms 3126.
pargeter, *v.a.* throw out 2634.
parlement, *sm.* conference 2836.
part, *sf.* side, direction 3332: *de p. Deu* in God's name 2847; *de meie p.* from me 361; *d(e l') altre p.* on the other hand, in addition 885, 916; *de male p.* wicked 2135: *d'une p.* on one side 3433; *metre a une p.* set apart, select 1115; *de la cuntree unt porprises les p.* they have occupied the country in all directions 3332.
partir, *v.a.* separate 3529.
pas, *sm.* step; *sun petit p.* slowly 3227; *le p. tenant* 1165, *le p. tenez* 2857 go slowly; *adv. ne . . p.* not at all 1528.

pasmeisun, *sf.* swoon 2036, 2592.

passage, *sm.* pass, way through the mountains 657, 741.

passer, *v.a.* go across, go through 3683; (cause to) pass through 1272; *v.n.* cross, effect a passage 816; pass (of time) 54.

paterne 3100, **patene** 2384, *sf.* Lord (=*imago paterna*, image depicting God the Father).

patriarche, *sm.* Patriarch (title borne by each of the four chief bishops of the Eastern Church) 1568.

pecchét, *sm.* sin 240, 1140, 1882; calamity 15, 3646.

peceier 2210, *v.* break into pieces, shatter 97, 2210, 3584.

peil, *sm.* hair 503, 1012, 3954.

peine, *sf.* toil, hardship 267, 864; *faire la p.* toil, be in distress 1790.

peist, v. **peser.**

peiz, *sf.* pitch 1474.

pejur, *adj.* worse; *les p.* the worst 1822.

peler, *v.a.* remove the hair from 1823; peel 3323.

pene, *sf.* apex, top (of a shield); 1298; *p. halte* very top 3425.

penitence, *sf.* penance 1138.

penuse, *adj. f.* toilsome 4000.

per, *sm.* equal; fellow baron, peer 64, 285, 903; mate, wife 3710.

perdre 937, *v.a.* lose 2148; destroy 1323, 2834; *v.refl.* be destroyed, die 2305; *p. sun edét* lose one's life 3170, *jugez a p.* doomed to be destroyed 937.

peril, *sm.* danger 2387; *Seint Michel del P.* (=S.M. in periculo maris, epithet applied to the abbey of Mont St. Michel on account of its dangerous situation, and then transferred to the saint) 152, 1428, 2394.

perrun, *sm.* block of stone; (in front of a building) 12, 2704; (serving as a frontier post) 2268, 2272, 2875.

pers, *adj.* dark blue, livid 1979.

pesance, *sf.* heaviness, grief 832, 2335.

pesant, *adj.* grievous 1412, 1687, 2470.

peser; pr. 3 peiset 2514; *subj. 3* **peist** 1279: *v. impers.* to weigh heavily upon, be a matter of concern to; *qui qu'en peist* no matter whom it grieves 1297.

pesme, *adj.* (= L. pessimus, but with a strong affective colouring) fierce 56, 256, 392, 2550; terrible 2147, 2919, 3403.

petit, *adj.; a ben p. que . . . ne* it is almost the case that 305.

piment, *sm.* spiced wine 2969.

piz, *sm.* breast 48, 1294, 3159 [the word properly denotes the whole thoracic region and its bounding walls].

place, *sf.* place, spot 1507; *en la p.* in this place, in that place, here, there 764, 1108, 3549, 3853, 3945; *par cele p.* around that place, there 1342.

plaider 2667, *v.n.* hear pleas, hold a court of justice 2667; uphold a suit for 3933.

plait, *sm.* agreement 88, 226; court 1409, 3841, 3949; trial 3704, 3741, 3747 (?), *pl.* 3780; *tenir tel p.* put forward such a contention (?) 3826.

plege, *sm.* pledge, surety 3846.

pleiét, *p.p.* folded· *guant p.* folded glove (folded to show that it was given as a gage) 2677.

plein, *adj.* full 2610, 3686; *p. curs* at full speed 2878.

pleindre 1695, *v.a.* lament, bewail 834, 1695, 2696, 2897; *v.refl.* lament 915.

plener, *adj.* full, thorough; powerful 2463, 2862, 3401.

plevir, *v.a.* pledge 507, 968, 1704; stand surety for·3847.

plusur, *adj.* many 2377; *pron.* many 1434; *li p.* the most part 2422; *tuit li p.* the greater part 995.

poeir; *pr. 1* **puis** 254, *2* **poez** 2456, *3* **poet** 9, *4* **puum** 1238, *5* **püez** 74, *6* **poedent** 1841; *subj. 3* **poisset** 1598, *6* **poissent** 3049; *pft. 1* **poi** 1365, *3* **pout** 344; *impf. subj. 3* **poüst** 1182, *4* **poüssum** 631; *v.* be able 34, 1458; have cause to 537, 1182, 1695, 2412, 3488; *ki plus poissent* who can do more 3049; *il ne poet en avant* he can go no further 2228; *p. amer* find worthy of love, love 2216.

poëste, *sf.* power; *a tel p.* with such power (?) 2926.

poësteïfs, *adj.* powerful 460, 2133.

poëstét, *sf.* power; *par ·p.* forcibly 434, 477, in great force (?) 3653: *par sa grant p.* with great forces (?) 2609.

poi, *v.;* v. **poeir.**

poi, *adj.* little, a few 300, 1940; *pur p., pur p. que* nearly 304, 2789, 3608.

port, *sm.* port 1429, 2626; pass, way through the mountains 657, 741, 824.

porter 610, *v.a.* carry, bear, wear 72, 1464; carry away, drag away 1619; *p. les piez* betake oneself 260.

poür, *sf.* fear 828, 843, 2046.

poüssum, poüst, pout; v. **poeir.**

prametre; *p.p.* **pramis** 1519: *v.a.* promise 3416.

preder *v.n.* go on a foray 385.

preiser 1559, **priser** 1683; *pr. 1* **pris** 3189; *subj. 3* **prist** 2739; *v.a.* value 636, 1872, 3189; estimate 1683, 3029; *faire asez a p.* do much that is praise-worthy, act valiantly 1559; *p. a un enfant* think no more of than of a child 2739; *les melz p.* the most renowned, the bravest 1872.

premereins, *adj.; tut p.* first of all 122, 1189.

prendre 333; *imper. 5* **pernez** 804, 2829; *pft. 5* **presistes** 205, *6* **pristrent** 2706; *v.a.* take 333, 509, 2190; take hold of 2224, 2982; take prisoner 434, 1730, 1816; take away 3606; receive 1148; undertake, fight (a battle) 1729; *p. la teste* cut off the head 209, 491; *p. (+ a)* begin 343; *v. impers. (p. +* dative *+ a +* infin.) begin 2377.

present, *adj.; en p.* here, at hand 329, 1435; *metre en p.* bring and put at one's disposal 398; *laisser en p.* leave with one 785.

primes, *adv.* first 589, 1924, 2845.

principal, *adj.* princely 3432.

prisun, *sf.* the act of taking into captivity; *ja n'avrat p.* there will be no taking of prisoners 1886; *mener en sa p.* take away as his captive 3680.

prod, *adj.* advantageous, good 604, sufficient, fit 1277, 1557; worthy, valiant 172, 1209, 1441; *adv.* profitably 2098; *sm.* profit 221, 507; *faire que p.* behave valiantly 1201; *i aveir p.* gain advantage from it 699, 3459.

proëcce, *sf.* prowess 1731; ; *pl.* deeds of prowess 1607.

prophete, *sm.* man of God 2255.

proveires, *sm. pl.* priests 2956.

prozdom 26, **produme** 1288, *sm.* man of worth 1528; man of valour 1288, 3264.

puez, püez, puum; v. **poeir.**

pui, *sm.* hill 814, 1017, 2271.

puindre; *pr. 3* **puint** 3547, *6*
puignent 1844: *v.a.* spur 3547;
v.n. spur on, ride fast 889,
1844, 2055.
puinneres 3033, *acc.* **poignëor**
3775, *pl.* **puigneürs** 3677, *sm.*
great fighter.
puinz, *plur.* of **poign, puign.**
puis, *adv.* after that, then 225,
391, 2753; *prep.* after 664,
3382; *p. de* 2262, *p. que* 818
after, since 318.
pulcele, *sf.* girl 821.
puldre, *sf.* dust 3633.
pumer, *sm.* apple-tree 2537.
punt, *sm.* pommel 466, 2345,
2506.
pur, *prep.* for, on behalf of
807; because of, on account of
412, 686, 1092, 1241, 1437,
2049; in exchange for 457,
2666, 2809; for the purpose of
1184, 1319, 3296; to the point
of 514, 3617; *p. ço* because of
this 591; *p. ço que* because 324,
2102; *p. quei, p. que* wherefore
286, 3759; *por q.* because 325;
p. murir to the point of being
slain, even if we were to lose
our lives 1048, even at the cost
of a life 3812.
purcacier, *v.n.* take the neces-
sary steps 2612.
puroffrir, *v.a.* present 2365,
2389.
purparler, *v.a.* discuss the
details of 511, 3856.
purpenser, *v.refl.* bethink one-
self 425, 3589; *estre p.* be
mindful, take care 1177.
purprendre; *p.p.f.* **porprises**
3332; *v.a.* occupy 805, 3332.
put, *adj.* stinking, vile; *de p. aire*
of vile birth 763.

quanque, *pron.* whatsoever
3202; *q. il poet* with all his
might 1198, 2298.
quant, *conj.* when 51, 142; since
239, 251, 328.

quant, *adv.* when? 528, 543,
556.
quanz, *adj. pl.* how many, how
much 2650, 2730.
quar; v. **car.**
quarrel, *sm.* quarrel, bolt from
a cross-bow 2265.
quasser, *v.a.* break 2078,
3448.
quat, *sm.*; *a un q.* all of a heap
1267.
que, *conj.* that 531, 884; (con-
secutive) with the result that
549, 1307, 3549; (causal) for,
because 356, 1318, 2427, 2784,
3412.
que, *pron.*; v. **qui.**
quei, *adj.* quiet 3797.
quel, *adj. & pron.* what 146, 716,
1544.
quens 172, *acc. sing. & nom. pl.*
cunte 378, 1097, *sm.* count.
quer; v. **coer.**
querre 1782; *pft. 1* **quis** 3759;
p.p. **quis** 1333: *v.a.* seek.
qui, ki 94, **chi** 838, **que** 179, **qu'**
(before vowel) 2575; *acc. sing.*
que 124; *dat sing. & strong acc.*
qui 417, 429; *nom. pl.* **qui** 3703
ki 350; *acc. pl.* **que** 154, **qui**
3187: *pron. rel.* who, which;
he who 833, 2524, 2584 etc.;
if there is anyone who 596,
1181, *seit ki* (with the same
sense) 391; *dat.* whose 417.
qui, ki 748; *acc. sing.* **qui** 244;
dat. sing. **qui** 1405; *acc. sing.*
neuter **que** 374, (strong form)
quei 832: *pron. inter.* who?,
what?; (in indirect questions)
who, what 742, 1982; *que*
neuter used as *adv.* why?
1697, 2723.
quider; *pr. 1* **quid** 150: *v.a.*
think.
quiement, *adv.* quietly 1483.
quier; *pr. 3* **quiet**, 1631; *pft. 2*
quias 764: *v.a.* think.
quir, *sm.* hide 1012, 2968.
quis; v. **querre.**

quite, *adj.* relieved of (a legal obligation); absolved 1140; *clamer q.* renounce all rights over 2748, 2787.

quitedét, *sf.* quiet 907.

racater, *v.n.* reply (of musical instruments answering each other) 1833, 3194.

raier, *v.n.* stream out (of blood) 1980.

raisun, *sf.* speech, statement 219, matter 2863; *par mult fiere r.* in bold words 1231; *la r. escrite* what was written there 487; *por la r. cunter* to act as spokesman 68; *dreite r. rendre* speak well (?), give good counsel (?) 3784.

ralïer 1319, *v.a.* rally 1319; *v.n.* 3525.

rancune, *sf.* bitterness 2301.

receivre 1178, *pr. 1.* **receif** 2838; *imper. 2* **receif** 3597: *v.a.* take, take up 320, 464; take into one's charge 1821; receive 1178, 1922; accept (a religion) 38, 471.

recercelét, *adj.* curly 3161.

recercer 2200, *v.a.* search again.

recét, *sm.* house, abode 1430.

reclamer, *v.a.* invoke, call upon 2044, 3391, 3490; *r. sa culpe* 2014 = *clamer sa culpe.*

recoevrement, *sm.* recovery 1650.

reconoisable, *adj.* recognizable 3124.

reconoistre 1993; *subj. 3* **reconuisset** 3588: *v.a.* recognize 1639, 1993, admit (a crime) 3588; *r. sun feu* do hommage for his fief 2680.

reconuisance, *sf.*; *pur la r.* as his distinguishing cry 3620.

recreant, *adj.* ready to confess oneself defeated 393, 2663, 2733, 3048; renegade, treacherous (?) 2063, 3973; *estre r. de* be ready to give up 528, 543, 906.

recreantise, *sf.*; *nostre deu sunt en r.* our gods have given up the fight 2715.

recreire, *v.n.* give up 871; give in 3892, 3908; *v.a.* set at liberty (a party to a trial by battle, after he has given gage and pledge that he will appear to fight on the appointed day) 3848, 3852; *estre recreüt* give in 2088.

recuillir 2965; *pft. 3* **requeillit** 3210: *v.a.* take up.

recumencer, *v.* begin again 2065, (with pleonastic *le*) 1677, 1884; *car jol vos recumenz* for I am starting it again 1937.

recuvrance, *sf.* recovery 3619.

recuvrer 344; *fut. 4* **recuverum** 3813: *v.a.* obtain 344; recover 3803, 3813; *v.n.* attack again 3441.

redotez, *adj.* in his second childhood 905.

refreider, *v.n.* cool down; rest, become refreshed 2486.

regne, *sm.* kingdom 812, 1961, 3408.

regnét, *sm.* kingdom 694, 1029, 2864.

regreter 2026, *v.* *impers.* to cause grief to 1609; *v.a.* bemoan the death of 2026, 2886; call upon 1512; v. J *1512 n.*

reguart, *sm.* look 1641, 2802.

reialme, *sm.* realm 2914.

remaneir 3552; *pr. 2* **remeines** 2928, *3* **remeint** 1696; *subj. 1* **remaigne** 3719, *3* **remaigne** 4; *fut. 2* **remendras** 1985; *pft. 6* **remestrent** 714; *p.p.* **remés** 5: *v.n.* remain 3719; hold out 4, 1108; go no farther, come to a stop 3587; *si remeindreient les .. oz* and so the armies would fight no more 598; *Baligant veit . . l'estandart Mahumet r.* sees the standard of the Prophet checked, brought to grief 3552; *r. en* *estant* stand still 2459, remain standing 2655.

remembrance, *sf.* recollection 3614.

remembrer 1182, *v. impers.* remember 489, 1182, 2377.

remüer; *subj. 3* remut 779: *v.a.* alter, change.

renc, *sm.* rank, line (of spectators) 264, 2192.

rendre 2733, *v.a.* give up, give back 1829, 2560, 3593, 3655, 3950; render 1406, 3596, 3784; lay down 2572, 2849; requite 3012.

renumee, *adj. f.* renowned 3565.

renuveler, *v.a.* take up (a cry) 3300.

repaire, *sm.* return home 2801; home, abode 51, 661.

repairer 135, *v.n.* go back, come back 573, 1869, 3705 (esp. return home 135); *s'en r.* go off back 36.

reproece, *sm.* reproach 1076, 2263.

reprover, *v.a.* reprove, reproach 768, 3909; *sm.* reproach 1706.

requeillit; v. **recuillir.**

requerre; *pr. 3* requert 374, *6* requerent 1445: *v.a.* seek out 1445; attack 2551, 3528, 3886.

rereguarde, *sf.* rearguard 574, 584, 1104.

rereguarder 2774, *v.a.* guard the rear.

resailir 2085, *v.n.* jump up again.

resne 1290, **reisnes** 1381, *sf.* rein 2706, 3877.

resortir, *v.n.* rebound 2341.

respundre 1756, *v.* reply 22 etc.; re-echo 1756, 2112.

restif, *adj.* stationary, brought to a standstill; *voz cumpaignuns feruns r.* we will cause your companions to become motionless (i.e. we will kill them) 1256.

resurrexis (= L. **resurrexisti**) 2385.

retenir 1260, *v.a.* keep back 786, 2442, 3283; detain 3948; hold (the field) 1260; *v. refl.* keep (the field) 1176.

retraire, *v.a.* say by way of reproach; *que hunte nus seit retraite* than that we should be held up to shame 1701.

returner 1060, *v.n.* turn back 1052, 1072, 1704, 1912.

reveeir; *fut. 5* revereiz 3802: *v.a.* see again 1402, 1421.

reveler, *v.n.* rebel 2921.

revenir; *subj. 4* **revengum** 2439: *v.n.* come back 2439; (fig.) come out of (a swoon) 2036, 2233, 2881.

riche, *adj.* rich 422, 585, 2354 ['indique plutôt la puissance fondée sur la richesse que la richesse elle-même; c'est un synonyme plus colorié de *puissant*'—FOULET].

rimur, *sf.* noise 817.

roét, *adj.* adorned with patterns of wheels or roses 3151, 3569.

rover; *pr. 3* roevet 1792: *v.* ask.

ruboste, *adj.* harsh; *a tant r. exill* with such cruel ravage 1862.

runcin, *sm.* packhorse 758.

rusee, *sf.* dew 981.

sabelin, *adj.* sable 462.

safrét, *adj.* prob. = damascened, other suggestions are 'burnished with yellow enamel' (FOULET); 'blue - bordered' (<*saffre* cobalt blue: JENKINS).

saisir, *v.a.* seize 721, 972; *v.n.* (in compound tenses with *estre*) be seized of 3213.

saive 248, **savie** 20, *adj.* wise; *s. de sa lei* learned·in matters concerning his religious faith 3174.

sale, *sf.* hall (of a castle) 730, 3707.

salse, *adj. f.* salt 372.

salt, *sm.* leap 3342; *les salz* (noun in absolute construction with adverbial force after verb of motion) with leaps 731.

salve, *adj. f.* efficacious to save souls 189, 649, 1509.

salvetét, *sf.* salvation 126.

sapeie, *sf.* pinewood 993.

sarcou, *sm.* coffin 2966, 3692.

sardonie, *sf.* sardonyx 2312.

saveir 1581; *pft. 3* **sout** 1024: *v.a. & n.* know; *d'iço ne sai jo blasme* I do not see that blame attaches to this action 1082.

saveir, *sm.* knowledge, skill 74, 234, 369, 3279; *pl.* 74.

secle, *sm.* this world 1435.

sedeir 251; *pr. 3* **siet** 116, **set** 1379, *6* **siedent** 110; *pft. 3* **sist** 1943: *v.n.* sit down 251, 272; be seated 1379, 1890, 3369; *ben seant* comely (?) 3115; *en seant* in a sitting position 2829.

seieler 2613, *v.a.* seal.

seiét, *adj.* bristly 3223.

seigner, *v.a.* make the sign of the cross over, give benediction to 340, 1141, 2957, 3859.

seignur, *sm.* overlord, lord 26, 379, 3056; *pl.* my lords 70, 79, 336, 1854, 3769.

seignurill, *adj.* seigneurial 151.

seiner, *v.n.* bleed 1991.

seintisme, *adj.* most holy 2344.

seinz, senz 2039, *prep.* without 511 etc.; except 2039.

selve, *sm.* wood 3293.

semblant, *sm.* seeming; *vedeir alques de sun s.* discover his attitude 270; *de sun s.* what he thought 1514.

sempres, *adv.* straightway 49, 2954, 3506; (+ fut.) be going to 1055, 2053, 3203.

senefiance, *sf.* significance, hidden meaning 2531.

senefier, *v.a.* signify, stand for 73.

serjanz, *sm. pl.* serving-men 161, 3957, 3967.

sermun, *sf.* discourse 1126, 3270, 3600.

servise, *sf.* (feudal) service 298, 1727, 3072; feudal dues (?) 29.

ses 39, **sis** 56, **si** 324; *acc. sing.* **sun** 26; *nom. pl.* **si** 285; *acc. pl.* **ses** 79; *fem. sing.* **sa** 52, *fem. pl.* **ses** 1757; *poss. adj.* his, her, its.

ses 3529 = **si les.**

sevrer *v.a.* sever 1371, 2781.

sez, *adv.*; *estre s. a* to have one's fill 1966.

si, *adv.* so 250; *si cum* as 667, 1819; *conj.* so; so likewise, likewise (in enumerations) 107, 174, 1119; and yet 288, yet 1659, 1743; and consequently 523, 1005; for 2042, 2720; and then 878, 1817; and 21, 919, 1793.

siet, *sm.* seat, capital 478, 3706.

sigler, *v.n.* sail (of ships) 688, 2631.

signacle, *sm.* sign of the cross 2848.

sire, *nom.* of **seignur**, sire, my lord 512, 2831; *s. nies* sir nephew 784; *cher s.* dear my lord 2441; *bel s.* fair sir 512.

siste, *adj.* sixth 3052, 3257.

sivre; *pr. 3* **siut** 3215: *v.a.* follow 37, 1160.

soens 941; *acc. sing.* **soen** 82, 421; *acc. pl.* **soens** 1319; *fem. sing.* **sue** 493; *poss. adj. & pron.* his, her; his, hers; *les soens*, his men 806, 1319.

soer, *acc.* **sorur** 1720, *sf.* sister 312, 1720; (mode of address, borrowed from religious usage) my sister, fair cousin 3713.

soi; *v.* estre.

soign, *sm.*; *n'aveir s. de* not to trouble about 3250.

soldeiers, *sm. pl.* mercenaries 34, 133.

sor, *adj.* sorrel 1943.

sorz, *sm. pl.* divination 3665.

soürs, *adj.* sure 241, safe 549, 562.

sout; v. **saveir.**

suavet, *adj.* used as *adv.* gently 3942.

sucurance, *sf.* succour 1405.

sucurre 2617, *v.a.* succour, come to the help of 1061, 2617, 3996.

suduiant, *adj.* false, knavish 942.

suef, *adj.* used as *adv.* gently 1165, 1999, 2175.

suffraite, *sf.* want 939; (syn. of **doel**) distress 2257; *pl.* privations, distress 60, 2925.

suffrir 456, **susfrir** 1010; *v.a.* bear, suffer 1010, endure, tolerate (a person) 1774; withstand, resist (an attack) 1658; *mei l'avent a s.* I must needs endure it (?) *or* I must needs tolerate him (?) 456.

sul, *adj. & pron.* single, alone 1241, 2184, 2230; alone, merely 1034, 1951; *ne mais que s.* except only 1934; *ne mais s.* except 3672; *fors s.* except only 3806.

suleir; *pr. 3* **soelt** 2001, **solt** 352: *v.* to be wont 2049.

sum, *sm.; en s. (prep.)* at the top of 2632; *(adv.)* at the top 1157; *par s. (prep.)* at the top of 714, 3922.

sumeier, *v.n.* carry a load 978.

sumer, *sm.* packhorse 481, 758, 1828.

suner 700; *subj. 2* **suns** 1027, *3* **sunt** 411: *v.a.* sound 1171; *mot ne s. ne mot tint* does not utter a word 411; *v.n.* sound 3309; resound 2112; v. **mot.**

sur, *prep.* upon 12 etc.; (fig.) above 823, 961, 1596 etc.; *sur lui* against his will, in spite of his resistance 721.

surdre; *pr. 3* **surt** 1448, *6* **surdent** 2975: *v.n.* rise up, appear suddenly.

survivre; *pft. 3* **survesquiét** 2616: *v.a.* outlive 2616.

sus, *adv.* up 2085; *s. el palais* up into the palace 2708.

sustenir 1129; *subj. 3* **sustienget** 2903: *v.a.* uphold, sustain 1129, 3907.

suz, *prep.* beneath 11, 366, 406.

suzcliner, *v.a.* bend low 3274.

tables, *sf. pl.* a game played with board and counters 111; v. H. J. R. MURRAY *Medium Ævum* X 57-69.

taburs, *sm. pl.* drums 852, 3137.

talent, *sm.* inclination, desire 3628; eagerness 1088; *aveir en t.* desire 521; *tut a sun t.* all he desires 400.

tant, itant 2473, *adj. pl.* so many 359, 2378; *adv.* so much 395, so long 446; (governing an *adj.*) so 547; *tant par* so very 285; *tant cume* as much as 76, as long as 557; *atant, a itant* now 413, forthwith 1519.

targe, *sf.* targe, shield 3361, 3569.

targer 338, *v.n.* tarry 338, 659, 2451; *v. refl.* tarry, hang back 1345, 1415, 2805, 3366.

teches, *sf. pl.* qualities, features (of character) 1472.

teindre, *v.a.* stain 985; *p.p.* **teint** discoloured, purple 1979.

tel, itel, *adj.* such; (+ clause expressing consequence) of such a sort 722; (with a clause expressing consequence implied) 1819, 1911, 2092, 2120; v. FOULET, *s.v.*

tempez, *sm. pl.* tempests 2534.

tencer, *v.a.* rail at 2581.

tendre 159, *v.a.* stretch (a bow) 780; hold out 137, 2224; *t. de l'espleiter* bend all their energies to flight 2165.

tendrur, *sf.* pity 842, 1446, 2217.

GLOSSARY

163

tenir 687; *subj. 3* **tienget** 2294:
v.a. hold 139, 3761; take and
keep 387, 620, 654; hold (land)
7, 116, 190; hold to (a reli-
gion) 225, 687; hold in, re-
strain 2857; *se t. a* hold to,
follow 229, 569; *t. en gab* take
lightly, consider as a joke 2113.

tens, *sm.* time 2482; *tuz t.* always
1858; *laisser sun t.* lose one's
life 1419; *il a sun t. usét* his life
is almost done 523; *de sun t.
n'i ad mais* 3840 his life is done.

tenser 1864, *v.a.* protect 354,
1864, 3168.

terdre, *v.a.* wipe 3940.

terremoete, *sf.* earthquake
1427.

tis 223, **tes** 3893; *acc. sing.* **tun**
291, *nom. pl.* **ti** 3901; *fem. sing.*
ta 3108; *fem. pl.* **tes** 3493,
poss. adj. your.

timonie (?) (MS. reading doubt-
ful, possibly **timome**): a var-
iant form or corruption of
timame, *sm.* thymiama, in-
cense 2958.

tinels, *sm.* club 3153.

tinter; *subj. 3* **tint** 411: *ne t. mot*
remain mum, utter no word.

tirer *inf.* used as *sm.,* pulling
2283.

toldre; *pr. 3* **tolt** 2284; *pft. 3*
tolit 1488; *p.p.* **tolut** 1962,
f.pl. **toleites** 2490: *v.a.* take
away from 1533, 3753.

traïr; *pr. 3* **traïst** 3959; *pft. 3*
traït 3829; *p.p.* **traït** 1792:
v.a. betray 1192, 3974.

traire 1365; *imper. 5* **traiez** 2131;
p.p. **trait** 1367: *v.a.* draw (the
sword) 811, 1367; draw forth
2104; tear (one's hair) 2596,
2906; shoot 2265; *ça vus traiez*
come on! 2131; *faire t.* cause
to be brought 3749; *trait a*
formed on, taking after 3177.

trametre; *pft. 3* **tramist** 90, *5*
tramesistes 207: *v.a.* send
279, 1608, 2393.

travailler, *v.a.* torment, harass
380; fatigue, weary 540, 2525.

travers; *en t.* across 3239.

tref, *sm.* tent 159, 671.

tres, *adv.* right; *t. en mi* right in
the middle of 1385; *t . . qu'a*
right from . . to 1506; *t. ben*
right well 1578; *tresque* right
up to 3, 2372; until 162, 3849.
As a verbal prefix, **tres,** like
L. **per,** has perfective force.
Thus, **tresaler** pass com-
pletely away 717; **trescever**
bring completely to an end,
destroy 3372; **tresprendre**
completely overcome 2355;
tressaillir jump right over
3166; **tresturner** turn right
over 1287.

tressuét, *adj.* in a thorough
sweat 2100.

trestut, *adj.* strengthened form
of **tut** (q.v.)

treüd, *sm.* tribute 666.

trop, *adv.* very, too 3822;
(governing a verb) much, too
much, long, too long 659,
1806.

trosser 701, *v.a.* load (pack
animals) 701, 3154.

trubler; *p.p.* **trublét** 1991: *v.a.*
cloud.

truis; v. truver.

trunçun, *sm.* stump 1352.

truver 2735; *pr. 1* **truis** 893, 902,
2676, **trois** 914, 935, 986: *v.a.*
find.

tucher, *v.a.* touch (with a
weapon) 1316; prod, urge on
861.

tue, *poss. pron. & adj. f.* your,
yours 1668, 2369, 3107.

turment, *sm.* whirlwind, tem-
pest 1423; anguish 3104.

turner 1745, *v.a.* turn 1156,
2360; turn away 650; send
1264, bring 307; *v. refl.* turn
3644; go back 3960; (+*a*) fall
3574; (+ *en*) turn and go away,
go away 2184, 2764, turn and

flee 3623; *v.n.* turn 2011; turn round 3881; (+*a*) draw towards 3560, turn towards, bring to 1296, 3969; *ont lur les d. turnez* have made them turn and flee 2445.

turs, *sm. pl.* turns; onsets, combats 1686 (MS. reading may here be a corruption of **estur,** q.v.).

tut 639; *acc. sing.* **tut** 1286, *nom. pl.* **tuit** 285, *acc. pl.* **tuit** 3962, **tuiz** 3776, **tut** 2642, **tuz** 236, 1000, *fem. sing.* **tute** 212, *fem. pl.* **tutes** 394, *neuter sing.* **tut** 322: *adj. & pron.* all; *t. veie* all the time 2274; *t. pais* profound peace 391; *t. fol* complete madman 286; *adv.* quite, completely 982, 3581; *del t.* altogether 167; *od t.* 1357, *prep.* with; *a t. adv.* therewith, withal, with them 2191, *prep.* (*a trestut*) with 614.

u 241, **ou** 3004, 3025, *adv.* where 1326; since, seeing that 241; wherever 3790. *cf.* J, *n.*

u 41, **o** 2401, **ou** 3670, *conj.* or 423; *u . . u* either . . or 41.

uan, *adv.* this year; any year, ever 250.

ublïer 1179, *v.a.* forget 1179; *v. refl.* forget one's duty 1258.

ultrage, *sm.* outrageous statement or thing 1106.

ultre, *prep.* beyond 1520, 2236; *adv.*: *aler u.* ride on 1318; *metre u.* thrust right through and out at the other side 1286, 1540; *u. culvert* thorough scoundrel 1207.

uncore, *adv.* still 156, 382; as well 1623.

unkes 1208, **unches** 640, **unques** 2888, **unc** 1040, **hunc** 1333, *adv.* ever 2292; (+ *ne* and referring to the past) never did, never was 640, 3261, 3516;

u. mais . . ne never thereafter 1044; *u. puis ne* never thereafter 3212; *u. einz . . ne* never before that time 3394.

uns 1048; *acc. sing.* **un** 149, *fem.* **une** 366: *art. & pron.* a, an 2723; *par uns e uns* one by one 2190; *des uns e des altres* on one side and the other 3477.

ure 2843, **ore** 3212, *sf.* hour 2371; *de ures ad altres, de ures es altres* from time to time 2843, 3371; *a itel ore* under such circumstances that 3212.

urs, *sm.* bear 30, 1837.

vairs, *adj.* bright, flashing (?) 283, v. M. KINNEY, *Romanic Review 1919* 322ff.

valeir, *v.n.* be worth 639; *ne li valt nïent* avails him nought 1643; *ki encuntre lui vaille* who may prevail against him, (or, more probably) who is worth anything compared with him 376.

valur, *sf.* worth (esp. worth as a warrior) 534, 1877; worth in the eyes of men, reputation 1090; *aveir v.* be of avail, be put to use 1362.

vassal, *sm.* vassal (one who holds a fief of an overlord by military tenure); one possessed of the qualities (esp. bravery) appropriate to a *vassal* 231, 887, 3009; *adj.* valiant 3343, 3839.

vassalment, *adj.* valiantly 1080, 3576.

vasselage, *sm.* the qualities that distinguish a vassal, esp. valour 25, 2049, 3901; *oi grant v.* I hear tell of great valour 3135.

vedeir 270, **veeir** 1104; *pr. 1* **vei** 1021, *3* **veit** 2894, *5* **veez** 261; *imper. 2* **veiz** 308, *5* **veez** 741; *subj. 3* **veied** 2004; *impf. 3* **veeit** 2558; *fut. 4* **verrum**

2981, 5 **verreiz** 564; *pft. 4*
veïmes 1731; *past subj. 3*
veïst 1680, 4 **veïssum** 1804;
p.p. **veüd** 3132; *v.a.* see.

veiage, *sm.* road, journey 660.

veiant, *pres. p.* of **vedeir;**
vostre v. in your presence 326.

veie, *sf.* road 365, 986, 2852;
tute v. all the while 2274.

veier, *sm.* officer, provost-mar-
shal 3952.

veintre 2211; *pr. 3* **veint** 2567;
fut. 4 **veintrum** 1233; *p.p.*
vencut 2153: *v.a.* conquer
235, 1046, 1233; *v. une bataille*
win a battle 735, 1337, 3649;
v.n. win 2567.

veir, *adj.* true 2384, 3100, 3987;
par v. in truth 87, 520, 692;
veirs, *adv.* in truth 381.

veirement, *adv.* for sure, for
certain 615, 784, 1639; in
earnest (?) 882, 1839; *tut v.*
most surely 3101.

veisdie, *sf.* cunning 675.

veltres, *sm.* hound 128, 183, 730.

venir 728; *pr. 3* **vent** 2203, *6*
venent 818; *imper. 2* **ven** 3594;
pres. subj. 1 **vienge** 2939; *pft. 1*
vinc 3774, *2* **venis** 2900, *4*
venimes 197, *6* **vindrent** 94;
p.p. **venut** 1593: *v.n.* come 54
etc.; *en v.* come back 662,
2191, 2203, 2826; come round
2592; *en v. ensemble* meet (in
battle) 1635; *v.refl.: s'en v.* come
back 2784, come away, go
away 2974; *se v.* come round
2892.

venjance, *sf.* vengeance 1459,
3975.

ventaille, *sf.* part of the hauberk
covering the cheeks and chin
3449.

venteler, *v.n.* flutter 48.

verai, *adj.* true 3368; *v.* **juïse.**

verge, *sf.* wand 3323.

verger, *sm.* garden 11, 159,
510.

verne, *sf.* prow 2632

ver, *sm.* boar 727, 732.

vers, *prep.* (*local*) towards 137,
1162, 2866, (fig.) against 2369,
3367, 3830, towards 3590, as
regards 2750.

verser, *v.n.* turn over 3573.

vertudable, *adj.* valiant 3424.

vertut, *sf.* strength 2229, 3183;
courage (?) 3602; power (esp.
divine power) 2369, 3233;
manifestation of divine power,
miracle 2096, 2458, 2716;
par grant v. with great force
1246, 1551, 1754, 3878; *Deus i
at fait v.* God has manifested
his power 3931; *de Deu aiez v.*
may you have power from
God 1045; *de la v. poisant*
with the sign of great power
3111; *meie culpe v. les tues
vertuz* my sins against your
power (?) 2369.

vertuus, *adj.* courageous (?)
1637.

vertuusement, *adv.* powerfully
1644.

vespre, *sm.* evening 1736, 2447,
3478.

vespree, *sf.* evening 3560.

vestir; *pr. 3* **vest** 3141; *pft. 3*
vestit 3532: *v.a.* put on (a
byrnie) 683, 1042, 3088; invest
(with a fief) 3213.

veüz, *v.* **vedeir.**

vezcuntes, *sm. pl.* viscounts 498.

vie, *sf.* life; *a tute vostre v.* for all
you are worth 212.

viell 2048, **veill** 112, **velz** 171,
adj. old.

vif, *adj.* alive 691, 2088, 2126;
par v. force by main force 1660;
v. diables devil from Hell 746,
3647.

vigur, *sf.* strength 3614; *de v.,
par v.* vigorously 1438, 1662;
par force e par v. in great
force (?) 3683.

vil, *adj.; aveir v.* hold cheap 1240.

viltét, *sf.* degradation 437, 1064,
3595.

violer, *v.a.* ravage, lay waste 704, 1567, 2757.

vis; *mei est v., ço m'est v.* it seems to me 659, 3501.

vis, *sm.* face 142, 626, 1159.

vivant, *pres. p.* used as *sm.* lifetime 323, 791, 2662.

vivre 1923; *pr. 1* vif 2030; *subj. 3* vivet 497: *v.n.* live.

vode, *sf.; faire male v. de* slaughter 918.

voide, *adj.* empty 1507, 2400.

vois; v. aler.

voiz, *sf.* voice 1755, 3767; *a v.* in a great voice 1561.

voltice, *adj.* vaulted (of a room) 2593, 2709, 3992.

vuleir; *pr. 1* voeill 309, voeil 492, voel 3836, *3* voelt 167, volt 40, voel 1643, *6* voelent 2542; *subj. 3* voeillet 1244, voillet 1419, *6* voelent 1669; *impf. 3* vuleit 2773; *condit. 1* voldreie 2936; *past subj.* volsist 332; *v.n.* wish.

wigre, *s.* a sort of javelin 2075, 2155.

ymagene, *sf.* image 3268, 3493, 3664.

INDEX OF PROPER NAMES

This Index is meant to include all proper names occurring in the poem. In a few cases, only the first line-reference is given, followed by etc. Where a character or place figures prominently in one part of the poem, the fact is indicated by giving the first and last line-references (e.g. **Pinabel** 3783-950). In all other cases, every line-reference is given. J,*n* refers to the footnotes of Jenkins' edition.

Austorie 1625, a French duke.
Avers 3242, the Avars (?).

Babilonie 2614, the usual name for Old Cairo in the Middle Ages.
Balaguét 63, **Balaguez** 894, **Balasguéd** 200, Balaguer, the famous stronghold in Catalonia; v. Boissonnade, p. 91.
Baldewin 314, 363, the son of Ganelon.
Baldise 3255, an imaginary (?) Saracen town.
Balide 3230, an imaginary (?) Saracen town.
Baligant 2614 etc., the lord of all Islam.
Barbamusche 1534, name of a horse.
Barbarin 886, 1236, Berber.
Basan 208, 490, **Basant** 330, a French baron.
Basbrun 3952, a provost-marshal in Charlemagne's army.
Bascle 3474, an imaginary (?) Saracen town.
Basilie 490, **Basilies** 208, 330, a French baron.
Basilie (seint B.) 2346, St. Basil the Great (A.D. 329-79) the father of Greek monasticism.
Bavier 3793, 3960, **Baivers** 3700, Bavarian.
Baviere 3977, **Baivere** 3028, **Baiver'** 2327, Bavaria.
Belferne 812, an imaginary (?) pagan kingdom.
Belne 1892, Beaune.
Berenger 1304, 1624, 2187, **Berengers** 795, 2405, one of the Twelve Peers, the companion of **Otes.**
Besençun 1429, Besançon.
Besgun 1818, Charlemagne's head cook.
Bevon 1891, one of Charlemagne's barons.
Bire 3995, the fortress of Elbira near Granada (?); v. J,*n.*

Biterne 2991, Viterbo.
Blaive 3689, 3938, Blaye-sur-Gironde (Landes).
Blancandrin 463, **Blancandrins** 23 etc., a baron sent by Marsile to Charlemagne.
Blos 3224, a pagan people (the Polovzians or Cumans, a people established in the twelfth century along the Northern and Western shores of the Black Sea?).
Borgoigne 3077, **Burguigne** 2328, Burgundy.
Borguignuns 3701, Burgundians.
Bramimunde 634-2734, **Bramidonie** 2822-3990, Marsile's queen.
Bretaigne 2322, Brittany.
Bretun 3961, **Bretuns** 3052, 3702.
Brigal 1261, **Brigant** 889, Berbegal in Aragon, near Barbastro (?).
Bruise, 3245, a pagan country.
Bruns 3225, a pagan people.
Bugre 2922, Bulgars.
Burdel 1389, **Burdele** 1289, **Burdeles** 3684, Bordeaux.
Burel 1388, a Saracen.
Butentrot 3220, Butintro in Epirus, the place where, according to legend, Judas Iscariot was brought up, or perh. Butentrot in Cappadocia; v. B. *Comm.* p. 44.

Calabre 371, Calabria.
Califerne 2924, a Saracen town or country (Aleppo?).
Canabeus 3312, 3429, 3499, the brother of Baligant.
Canelius 3238, 3269, 'Canaanites', a name commonly applied to the Saracens by Christian writers of the time of the Crusades.
Capadoce 1614, Cappadocia.
Captüel 1614, a pagan king.

170 INDEX OF PROPER NAMES

Flandres 2327, Flanders.

Floredee 3312, an imaginary Saracen kingdom.

Flurit 3211, a Saracen king.

Franc 50 etc., Franks; *adj.* 274, 3479 Frankish.

France 16 etc.

Franceis 205 etc., **Francés** 2799, 3789, *fem.* **franceise** 396, 2515, **franceises** 3089, *adj.* and *s.* French, Frenchman.

Francor 1443, 3262, *adj.* of the French.

Frise 3069, Frisia.

Frisuns 3700, Frisians.

Fronde; v. **Val-Fronde.**

Gabriel 2262, 2390, 2395, 2526, 2847, 3610, 3993, the archangel Gabriel.

Gaifier 798, a French duke, prob. Gaifier of Aquitaine, v. Bédier, *Lég. ép.* III 174, IV 169, 377.

Gaignun 1890, 'Watchdog', Marsile's horse.

Galafes 1503, a Saracen baron.

galazin 2973, *adj.* oriental: the word has been derived from Galata, the suburb of Constantinople, from Galatia and from Galazza (the modern Lajozzo nr. Alexandretta).

Galice 1476, 3073, Galicia.

Galne 662, an unidentified Spanish town; v. J,*n* and Boissonnade 118-21.

Garmalie 1915, the country of the Gamara, a federation of tribes of the Riff (?): v. J,*n.* Bédier and others have read the MS. as *al frere G.*, i.e. 'from the brother of G.' It seems better, however, to take *Alfrere* and *G.* as place-names.

Gebuin 2432, 2970, 3469, **Gibuins** 3022, a French baron.

Gefreid d'Anjou 106, 2951, 3093, **Gefrei d'Anjou** 2883, 2945, 3535, **Gefrei** 3819,

Geifreid d'Anjou 3545, **Geifret** 3806, **Geifrei d'Anjou** 3938, Geoffrey of Anjou.

Gemalfin 2814, 3495, a Saracen baron.

Gerard de Russillun 1896, 2189, 2409, **Gerart de R.** 797, one of the Twelve Peers, whose historical prototype was an important figure in the ninth century and the founder of the abbeys of Vézelay and Pothières. He is the hero of the *chanson de geste* that bears his name; v. Bédier, *Lég. ép.* II 1-92.

Gerers 107 etc., **Gerer** 2186, one of the Twelve Peers.

Gerin 107 etc., **Gerins** 794 etc., one of the Twelve Peers, the companion of Gerer.

Gilie (seint G.) 2096; St. Giles, the famous anchorite of Provence; v. Bédier, *Lég. ép.* III 354-60.

Girunde 3688, the Gironde.

Godselmes 3067, a French baron.

Gramimunde 1571, the name of a horse.

Grandonie 1613, **Grandonies** 1636, a Saracen baron.

Gros 3229, an unidentified pagan people.

Grossaille 1488, a Saracen king.

Gualter 807, 809, 1297, 2047-76, **G. de l'Hum** 803, 2039, **G. de Hums** 2067, **Gualters** 800, Roland's vassal.

Guarlan 65, a Saracen baron.

Guascoigne 1537, **Guascuigne** 819, **Gascuigne** 172, Gascony.

Guascuinz 1289, 2407, Gascon.

Guenes 178 etc., **Guenelun** 217 etc., **Guenelon** 1569, 3757, Ganelon the traitor, whose historical prototype is generally supposed to be Wanilo, archbishop of Sens in the reign of Charles the Bald.

Guineman 3014, 3360, **Guneman**, 3464, **Guinemans** 3022, 3348, a baron of Charlemagne.

Guinemer 348, Ganelon's uncle.

Guitsand 1429, Wissant, the famous port of embarkation for England between Calais and Boulogne.

Guiun de seint Antonie 1624, a baron of Charlemagne.

Halteclere 1363, 1463, 1550, 1953, Oliver's sword.

Haltilie 209, **Haltoïe** 491, a hill in Spain.

Hamon 3073, a baron of Charlemagne.

Henri 171, the nephew of Richard of Normandy.

Hermans 3042, a duke in Charlemagne's army.

Hum 803, **Hums** 2067, a place in France.

Hums 3254, Huns.

Hungre 2922, **Hungres** 3254, Hungarian.

Imphe 3996, an unidentified town or country.

Innocenz 1523, the Holy Innocents.

Ive 2406, **Ivon** 1895, one of the Twelve Peers.

Ivorie 2406, **Yvoeries** 1895, the companion of Ivon.

Jangleu 3507-8, a Saracen baron.

Jericho 3228.

Jerusalem 1566.

Jhesu 339.

Joiuse 2501, 2508, 2989, Charlemagne's sword.

Jonas 3101, Jonah.

Joüner 67, a Saracen baron.

Jozeran 3007, 3075, 3535, **Jozerans** 3023, 3944, 3067, **Jocerans** 3113, a baron of Charlemagne.

Juliane 3986, the name given to Bramimunde upon her baptism.

Jupiter 1392, the god Jupiter, regarded by the poet as a devil whose aid can be invoked by enchanters.

Jurfaleu 1904, 2702, **Jurfaret** 504, Marsile's son.

Justin 1370, a Saracen baron.

Karthagene 1915, Carthage (?).

Lazaron (seint L.) 2385, Lazarus, the brother of Martha and Mary.

Leus 3258, a pagan people (the Lechs?).

leutice 3360, **leutiz** 3205, *adj.* either (a) of or pertaining to the Wiltzes, a Slavonic people settled in what is now Mecklenburg or (b) Lycian. The latter alternative is perhaps better suited to the context; v. B. *Comm.* 515 and L. Constans, *Roman de Troie* V 62.

Loëwis 3715, the son of Charlemagne, whose historical prototype is undoubtedly Louis the Pious.

Loherencs 3700, **Loherengs** 3077, men of Lorraine.

Lorain 3022, 3469, a baron of Charlemagne.

Loüm 2097, **Loün** 2910, Laon, a favourite residence of the later Carolingians, mentioned in the poem (contrary to historical fact) as a royal city of Charlemagne.

Lumbardie 2326, Lombardy.

Machiner 66, a Saracen baron.

Maëlgut 2047, a Saracen baron.

Maheu 66, Matthew, a Saracen baron.

Mahum 416 etc., **Mahumet** 8 etc., Mahomet, the Prophet of Islam, portrayed in the poem

Bédier, *Lég. ép.* III 349-54, C. Jullian, *Rom.* XXV 161-73.

Romaine 2326, the Romagna.

Romaine 3094, the name given to the oriflamme, here identified with the golden banner of the City of Rome and not (as is really the case) with the red banner of the Abbey of St. Denis, borne by French sovereigns from the time of Philip I onwards in their capacity of lords of the Vexin.

Rosne 1626, the Rhone.

Rume 639, 921, **Rome** 2998, Rome.

Runers (val de R.) 2209, the fief held by Reiner, the father of Oliver; v. J,*n*; B. *Comm.* 519.

Russillun 1896, 2189, 2409, **Rossillon** 797, not Roussillon, the region corresponding roughly to the modern Pyrénées-Orientales, but a hill (now Mont Lassois) near the abbey of Pothières in Burgundy; v. B. *Comm.* 519-20

Saisonie 2330, Saxony.

Salomon 1567, Solomon.

Saltperdut 1597, the name of a horse.

Samüel (la gent S.) 3244, prob. the Bulgarians who, under their tsar Samuel, harassed the Byzantine Empire at the end of the tenth century.

Sansun 105, 1275, 1574, 1580, 2188, 2408, Samson, one of the Twelve Peers, the companion of Anseïs.

sarazineis 994, *adj.* Saracen.

Sarraguce 6 etc., Saragossa.

sarraguzeis 996, *adj.* of or pertaining to Saragossa.

Sarrazin 253 etc., **Sarrazins** 147 etc., Saracen.

Sathanas 1268, Satan.

Sebre 2465, 2642, 2728 2758, 2798, the Ebro.

Seinz 1428, Xanten in Westphalia (?), or Saintes (?).

Seisne 2921, **Saisnes** 3700, 3793, Saxons.

Severin (seint S.) 3685, St. Seurin, bishop of Bordeaux at the beginning of the fifth century; v. *Lég. ép.* III 341.

Sezilie 200, a Spanish town (the form may well be a corruption of **Sebilie** = Seville).

Sibilie 955, Seville.

Siglorel 1390, a Saracen wizard.

Silvestre (seint S.) 3746, Pope Sylvester I (314-35); *la feste del baron seint S.* St. Sylvester's Day (Dec. 31st.).

Sirie 2939, **Sizer** 583, **Sizer** 719, the Col de Cize, the pass through the Pyrenees connecting S. Jean-Pied-de-Port and Pampeluna.

Soltras 3242, an unidentified pagan people.

Sorbres 3226, the Sorbs, a Slavonic people living between the Saale and the Elbe.

Sorel 1379, the name of Gerin's horse.

Sorence 3783, 3915, the name of Pinabel's fief.

Sorz 3226, a variant form of the name **Sorbres.**

Suatilie 91, an imaginary (?) Saracen country.

Sulians 3131, 3191, Syrian.

Tachebrun 347, the name of Ganelon's horse.

Tedbald de Reins 173, 3058, **Tedbalt de R.** 2433, **Tedbalt** 2970, one of Charlemagne's barons.

Tencendur 2993, 3622, **Tencendor** 3342, the name of Charlemagne's horse.

Tervagan 611 etc., **Tervagant** 2468, Tervagant or Termagant, one of the three gods whose idols the Saracens are supposed to worship.

Tiedeis 3795, German.

Tierri 3806-939, **Tierris** 3818, 3924, 3934, the brother of Geoffrey of Anjou.

Tierris 3083, **Tierri** 3534, a French duke.

Timozel 1382, a Saracen.

Torleu, 3204, **Torleus** 3216, a Saracen king.

Trace 3042, Thrace (?) or, more probably, a purely imaginary place-name.

Tuele 200, Tudela in Navarre, on the Ebro above Saragossa; v. J, *n*, and Bédier, *Lég. ép.* III 371.

Tulette 1611, Toledo.

Turcs 3240, 3284, 3518, (Seljuk) Turks.

Turgis 916, 1282, a Saracen count.

Turgis 1358, a Saracen.

Turoldus 4002, the alleged author of the chronicle claimed by the Roland poet as his source; v. B. *Comm.* 31 ff. and, for another explanation of the name, Jenkins xliv-xli.

Turpin 170 etc., **Turpins** 1504, **T. de Reins** 264, 2077, 2083, the archbishop Turpin, whose historical prototype was archbishop of Rheims at the end of the eighth century.

Turteluse 916, 1282, a Spanish town, perh. Tortosa; v. Boissonnade 74.

Valdabruns 617, **Valdabrun** 1562, a Saracen baron.

Valence 1626, Valence: the MS. reads *Valeri*, which Bédier (*Rom.* LXIV 239) proposes to keep, while Jenkins suggests *Valerie* (= the district of la Valloire (Drôme)).

valentineis 998, *adj.* of Valence.

Val Feree 1370, **Val Fuït** 3239, **Valfunde** 23, **Val Marchis** 3208, **Val Metas** 1502, **Val Penuse** 3256, **Val Sevree** 3313 are all imaginary Saracen places or countries.

Val Tenebrus 2461, a valley on the line of retreat of the Saracens from Roncesvaux towards Saragossa (the valley of the Irati?); v. J, *n*, and Boissonnade 143-4.

Valterne 199, 931, 1291, a Saracen town (Valterra near Tudela?).

Veillantif 1153, 2032, 2127, 2160, 2167, the name of Roland's horse.

vianeis 997, *adj.* of or pertaining to Vienne or Viana (Galicia).

Virgilie 2616, Virgil.

Vivien 3996, a Christian king, generally identified with Vivien, the nephew of Guile laume d'Orange, although, in the epics of the Guillaum-cycle, Vivien is never described as a king.

Willalme de Blaive 3938, a baron of Charlemagne.